Peter Haass

Im Paradies läßt's sich nicht lieben

Peter Haass

Im Paradies läßt's sich nicht lieben

Kabel

Mein Dank gilt Rüdiger Südhoff, Doktorand der Literaturwissenschaft, der mir bei der Sichtung der Literatur eine große Hilfe war und als Gesprächspartner mit vielen Hinweisen und Anregungen zur Entstehung dieses Buches beitrug.

Peter Haass

Umschlag: Theodor Bayer-Eynck
Gesamtherstellung: Clausen & Bosse, Leck
ISBN 3-8225-0151-4
1 3 5 7 9 10 8 6 4 2

Inhalt

Vorwort

Viele Frauen und Männer leiden heute zunehmend an ihrer Partnerschaft. Die steigenden Scheidungsraten und die zunehmende Anzahl der »Singles« sind dafür ein deutliches Anzeichen. Was sich nach außen und in der Öffentlichkeit oftmals als fröhliche, harmonische Zweisamkeit darstellt, ist in den vier Wänden der häuslichen Umgebung voller Frust, Verbitterung und Resignation. Wir freuen uns über ein anscheinend »glückliches Paar« und sind bestürzt, wenn wir erfahren, daß sich dieses glückliche Paar von heute auf morgen trennt.

Funktionieren Partnerschaften heute einfach nicht mehr und muß soviel Leid Beziehungen krankmachen? Ich meine: Nein. Das vorliegende Buch versteht sich als »Trostbuch« für alle, die an ihrer Partnerschaft schwer tragen. Eine Partnerschaft beginnt im Paradies und endet auf Erden.

Das Paradies, in dem wir alle mit unserer Liebe beheimatet sein möchten, hat seine Tücken. Es gaukelt uns eine Lebensmöglichkeit vor, der wir – selbst wenn wir sie erreichen würden – nicht gerecht werden könnten. Aus unserer Illusion nach einer Welt, die außerhalb unserer irdischen Erfahrbarkeit liegt, stammt das Leid, das wir in unseren Beziehungen erfahren. Wir sehnen uns nach Liebe, ohne die Bedingungen der Liebe akzeptieren zu wollen. Liebe bedeutet in unserer Vorstellung Lust; Unlust kommt darin nicht vor. Wenn sie sich einstellt, sind wir allzu gerne und allzu schnell bereit, das, was wir für Liebe hielten, über Bord zu werfen.

Wissen wir überhaupt, was Liebe ist und wie Liebe entsteht? – Wir laufen unter Umständen ein Leben lang unserer Sehnsucht nach dem »großen Glück« hinterher und übersehen dabei das »kleine Glück«. Obwohl unzählige Bücher über die Liebe geschrieben wurden, hat noch niemand die Liebe erklärt. Das will auch das vorliegende Buch nicht. Es will die Liebe jedoch von den Illusionen befreien, indem es sie aus dem Paradies herausholt – wo sie nicht hingehört – und in die harte, leidvolle Realität des irdischen Daseins stellt. Aber die Konfrontation der Liebe mit der Realität wird und soll das geheimnisvolle Schöne, die Kraft, die uns beseelt, nicht zerstören.

Wissen erfordert Lernen, und Lernen ist auch in der Liebe erforderlich. Das ist ein Satz, der vielen vielleicht zu nüchtern-pragmatisch klingt, weil sie »es« doch zu fühlen glauben. Dem will ich keineswegs widersprechen, denn Liebe ist Gefühl. Aber auch dafür gilt: Wer mehr lernt und weiß über dieses Gefühl, fühlt eben besser und wird sich dieses Gefühl vielleicht über das erste stürmische Verliebtsein hinaus erhalten können. Und darum geht es doch uns allen. Wenn das Buch hierzu etwas beitragen könnte, würde ich mich sehr freuen.

Das Paradies und seine lebensbedrohlichen Tücken

»Vermaledeites Paradies«, so sprach einst Eva zu Adam, »unser kindliches Spiel kann doch nicht alles sein. Wir leben hier so harmonisch und entspannt, und das langweilt mich! Dabei stimmt eigentlich alles: Das Gras ist herrlich weich, und wir beide sind nicht von schlechten Eltern. Warum bleibt uns also ein höheres Glück verwehrt?«

Diese Rede wurde so natürlich nie geführt. Trotzdem: unsere Vorstellung vom Paradies beinhaltet allgemein doch auch »höchste Lust«. Und so läßt sich fragen, was eigentlich so unparadiesisch an diesem lustvollen Ort war, daß er eher zur Unlust verführte? Man sollte doch annehmen, daß Adam und Eva im Paradies die Wonnen der Lust hätten genießen können und daß es sich im Paradies sehr wohl sehr gut lieben ließe. Fragen wir zuerst also einmal: Wie war das denn mit der Liebe im Paradies? Gab es die da überhaupt schon und falls ja: *Wie* haben sich Adam und Eva geliebt? Nur so – oder auch richtig körperlich? Auf diese Fragen geben die Mythen von der Erschaffung der Welt und vom Garten Eden nur dürftig und symbolhaft Antwort.

Es sind jedoch Fragen, die uns interessieren müssen, da eben die übliche Auffassung vom Paradies und dem Paradiesischen das Liebesglück wie selbstverständlich einschließt, ja die Paradiesvorstellung mit der denkbar höchsten Form von Liebesglück geradezu gleichgesetzt wird. Das Paradies gilt nicht nur als Schlaraffenland, sondern darüber hinaus als der Ort der ungebrochenen, von keiner Dissonanz getrübten Zweisamkeit.

Um diese Fragen zu beantworten, müssen wir uns die Schöpfungsgeschichte (= Genesis) in der Bibel einmal ansehen. Dazu sei vorweggeschickt: Die Paradies- und Sündenfallerzählung im 2. und 3. Kapitel der biblischen Genesis gehört zu den ältesten Beispielen von Volksüberlieferungen bei den Hebräern. Darin wird in mythischer Sprache der ursprüngliche Zustand der Welt und der ersten Menschen beschrieben.

Die moderne Bibelforschung weist die betreffende Schilderung in Genesis 2,4 b–3,24 der Quellenschicht des sogenannten Jahwisten zu. Wegen der für sie charakteristischen Verwendung der Gottesbezeichnung (Jahwe) heißt die älteste Quelle des Pentateuchs (= 5 Bücher Moses) Jahwistenschrift; ihre Endredaktion wird um 900 v. Chr. angesetzt.

Und nun zur Paradiesgeschichte in der Übersetzung von Ernst Haag:[1]

Die Erschaffung des Menschen, 2,4 b–7

Es war am Tage, da Jahwe-Elohim Erde und Himmel machte.

Noch gab es kein Gesträuch des Feldes auf Erden, und noch war kein Kraut des Feldes hervorgesproßt, denn Jahwe-Elohim hatte noch nicht auf die Erde regnen lassen; auch gab es noch keinen Menschen, um den Erdboden zu bebauen, so daß eine Wasserflut aus der Erde emporgestiegen wäre und die ganze Oberfläche des Erdbodens bewässert hätte; da formte Jahwe-Elohim den Menschen aus Staub vom Erdboden und hauchte in seine Nase den Odem des Lebens, und so ward der Mensch ein lebendiges Wesen.

Der Mensch im Garten von Eden 2,15 – 17

Da nahm Jahwe-Elohim den Menschen und versetzte ihn in den Garten von Eden, damit er ihn bebaue und bewache.

Und Jahwe-Elohim legte dem Menschen ein Gebot auf, indem er sagte: Von allen Bäumen des Gartens darfst du essen.

Nur von dem Baum der Erkenntnis von Gut und Böse darfst du nicht essen; denn sobald du davon issest, mußt du sterben.

Welch' herrliche Vorstellung! Da gibt es einen Garten, der alles im Überfluß bietet, und der Mensch erhält von Gott Jahwe ein einzigartiges Angebot: Er darf von allen Bäumen des Gartens essen (Vers 16); alle Güter der Schöpfung stehen dem Menschen zur freien Verfügung.

Die Gegenleistung, die der Mensch dafür zu erbringen hatte, den Garten von Eden zu bebauen und zu bewachen (Vers 16), wird wohl auch keine Arbeit gewesen sein.

Wie Ernst Haag[2] ausführt, »ist das Bebauen mehr nach innen auf die Erhaltung und den richtigen Ausbau des Besitztums gerichtet, während das Bewachen stärker nach außen hin die Abwehr schädigender Feinde betont. Dabei hat der Mensch eine Arbeit zu verrichten, die ihn gerade nicht, wie es nach der Sünde geschieht, zum Sklaven der ihn umgebenden Natur erniedrigt, sondern der Dienst im Garten Eden erhebt vielmehr den Menschen über den Erdboden, von dem er genommen ist, und verleiht ihm eine Teilnahme an der Herrscherstellung Gottes, als dessen verantwortlicher Repräsentant er auftritt.« Also, von richtiger Arbeit kann da nicht die Rede gewesen sein.

Und die einzige Einschränkung, nicht vom Baum der Erkenntnis essen zu dürfen, wird Adam auch nicht gekümmert haben, hatte er doch genügend Möglichkeiten, sich im Garten Eden zu vergnügen und zu essen, worauf er Lust hatte.

Der Jahwist beschreibt dann allerdings nicht, was Adam mit sich den lieben langen Tag im Paradies angefangen bzw. wie er seine Aufgabe wahrgenommen hat. Heute würde man sagen: Adam hat vor sich hingegammelt und den »lieben Gott einen guten Mann sein lassen«. Daß er sich dabei gelangweilt hat, liegt auf der Hand. Und das erkannte auch bald schon Jahwe.

Wenn man sich die Schöpfungsgeschichte bis hierher anschaut, muß man zu dem Schluß kommen, daß Jahwe mit der Ausstattung des Menschen und dem Lebensbereich – eben dem Garten Eden, den er für ihn geschaffen hat – durchaus zufrieden ist. Was Gott Jahwe jedoch unzufrieden stimmt, ist die Tatsache, daß der Mensch keine Gemeinschaft des Lebendigen besitzt. So erschafft Gott Jahwe zunächst die Tiere, schließlich die Frau. Dabei ist interessant, daß nicht der Mensch feststellt, welchen Mangel er hat. Die Initiative geht von Gott Jahwe aus. Jahwe weiß, was dem Menschen guttut und stellt ihm das, was er benötigt, zur Verfügung.

In der Genesis (2,18–25) liest sich das so:

Die Erschaffung der Frau

Da sprach Jahwe-Elohim: Es ist nicht gut, daß der Mensch allein ist; ich will ihm eine Hilfe machen, die ihm entspricht.

Da formte Jahwe-Elohim aus dem Erdboden alle Tiere des Feldes und alle Vögel des Himmels und führte sie zu dem Menschen, um zu sehen, wie er sie nennen würde; und genau so wie der Mensch sie nennen würde, sollte der Name der Lebewesen sein.

Der Mensch benannte alles Vieh, die Vögel des Himmels und alle Tiere des Feldes; aber für den Menschen fand er keine Hilfe, die ihm entsprochen hätte.

Da ließ Jahwe-Elohim einen Tiefschlaf auf den Menschen fallen, so daß er einschlief; dann nahm er eine von seinen Rippen und verschloß die Stelle wieder mit Fleisch.

Und Jahwe-Elohim baute aus der Rippe, die er von dem Menschen genommen hatte, eine Frau und führte sie dem Menschen zu.

Da sprach der Mensch: Diese ist nun endlich Bein von meinem Bein und Fleisch von meinem Fleisch; diese wird man Frau nennen, denn sie ist vom Mann genommen. Daher wird der Mann Vater und Mutter verlassen und seiner Frau anhangen, und sie werden zu einem Fleisch.

Es waren aber beide nackt, der Mensch und seine Frau, dennoch schämten sie sich nicht.

Odil H. Steck[3] meint zu Genesis 2,18: »Jahwe sieht, daß der mit allem Guten versehene Mensch, der Mensch in diesem herrlichen Garten bei Gott, noch allein ist, und stellt fest, daß ihm dies nicht förderlich ist. Es wird also mitnichten vom Menschen verlangt, daß er an Gott allein sein Genüge habe. Jahwe weiß vielmehr, daß der Mensch die Gemeinschaft des Lebendigen, die Tiere und vor allem die Frau braucht! ›Es ist nicht gut, daß der Mensch allein ist‹ – wieviel Anschauung und Erfahrung gelebten Lebens ist in diesem Satz verdichtet.«

Dabei, meint Steck, sei der Begriff »Hilfe« nicht einfach auf die Arbeit des Menschen bezogen, sondern müsse als Abhilfe gegen die Hilflosigkeit des Alleinseins verstanden werden.

Das zeige das präzisierende Beiwort: »Zu ihm passen«, worin die Gleichartigkeit und Ergänzung, die diese Hilfe auszeichneten, in einem Wort ausgesagt seien.

Im Tiefschlaf, den Jahwe über Adam fallen läßt, entnimmt er diesem eine Rippe, verschließt die Stelle wieder mit Fleisch und baut die Rippe zu einer Frau aus. Wenn man sich ansieht, wie anschaulich im 2. Kapitel, Vers 7 der Genesis die Erschaffung von Adam geschildert wird:

> »Und Gott der Herr machte den Menschen aus einem Erdenkloß, und er blies ihm ein den lebendigen Odem in seine Nase. Und also ward der Mensch eine lebendige Seele«,

so ist die Schilderung der Erschaffung von Eva nicht nur etwas makaber und merkwürdig, sondern auch unvollständig. Von »Odem einhauchen« und »Seele« ist bei der Erschaffung der Frau keine Rede.

Steck deutet das so, daß es dem Erzähler bei der Schilderung, wie Jahwe die Rippe des Menschen zu einer Frau ausbaut, allein darauf ankomme, das Phänomen der einzigartigen Zusammengehörigkeit von Frau und Mann zu erfassen und die elementare Urgewalt der Liebe.

Nach der Erschaffung Evas bringt Jahwe die Frau zum Menschen und stellt sie ihm vor. Anders als bei den Tieren, die Jahwe Adam zuführte und unter denen er nicht die Hilfe fand, die zu ihm paßte, stellt Adam bei der Vorstellung von Eva sofort fest, daß diese ein gleichartiges Wesen ist und in enger Verwandtschaft zu ihm steht: »Diese ist endlich Gebein von meinem Gebein und Fleisch von meinem Fleisch.«

Adams erstes Empfinden ist das Entzücken. »Bräutigams Jubel!«, so meint Hermann Gunkel[4], »...nun endlich, nach so langem Suchen, die ersehnte Gehilfin. Und so bricht Adam in jubelnde Worte aus. Dabei macht er von dem Recht, Namen zu geben, Gebrauch; er nennt das neue Wesen ›issa‹, Weib, weil sie zum ›is‹, zum Manne gehört. Die innere Verwandtschaft drückt der Erzähler durch die Wortverwandtschaft aus.«

Die folgende Ergänzung: ›Daher wird der Mann Vater und

Mutter verlassen und seiner Frau anhangen, und sie werden zu einem Fleisch‹, stammt vom Jahwisten, der in der empfundenen inneren Verwandtschaft den Grund sieht, warum der Mensch das Weib so sehr begehrt. In diesem Begehren zerreißen selbst die stärksten Bande; d. h. für den Jahwisten: Die Bande, die den Mann zuvor an Vater und Mutter gehalten haben. Das Streben des Mannes richtet sich darauf, mit dem Weib ein Leib zu werden, d. h. den Zustand wieder herzustellen, der ursprünglich bestand. So vereinigt sich in der Liebe wieder, was ursprünglich zusammen war. Dabei ist nach den Ausdrücken, die der Mythos gebraucht, ganz klar, was für eine Art von Liebe hier gemeint ist; es ist die Vereinigung im Geschlechtlichen.

Dabei soll, wie Haag[5] ausführt, »der Mensch nicht eine Herrschaft über die Frau ausüben, sondern er soll ihr in Liebe zugetan sein. Die Liebe des Mannes zur Frau äußert sich nach der Darstellung des Jahwisten darin, daß der Mann zur Frau hinstrebt und mit ihr ein Fleisch wird.«

Erst im nachparadiesischen Zustand, nach dem Sündenfall, wird von Jahwe ein Herrschaftsverhältnis des Mannes über die Frau als Strafe verhängt. So heißt es in Genesis 3,16:

»Zu der Frau sagte er: Zahlreich will ich die Beschwerden deiner Schwangerschaft machen, in Schmerzen sollst du Kinder gebären; zu deinem Mann geht dein Verlangen, aber er soll über dich herrschen.«

Damit hätte ja alles gut werden können: Adam hatte seine Eva, und beide waren zur Geschlechtsgemeinschaft bestimmt. Aber was machten sie daraus? In Gen. 2, Vers 25 berichtet der Jahwist: »Es waren aber beide nackt, der Mensch und seine Frau, dennoch schämten sie sich nicht.« Warum schämten sie sich nicht voreinander? Das ist nur daraus zu erklären, daß beiden der Geschlechtsgegensatz nicht bewußt war, und daß sie sich deshalb auch nicht als unterschiedliche Geschlechtswesen erkannten.

Adam und Eva stehen sich im Paradies nicht als Geschlechtswesen, sondern als Personen gegenüber. Georg Weippert dazu[6]: »Sie sind geschlechtsbestimmt, aber nicht geschlechtsbedingt.« Damit meint Weippert wohl, daß das Verhältnis zwischen Adam und Eva nicht durch das unterschiedliche Geschlecht bestimmt wird, obwohl diese Geschlechtsdifferenz gegeben ist.

Dieses »ein Fleisch sein« von Adam und Eva bedeutet keine Sexualität, sondern entspricht dem Zustand von Kindern, die sich noch nicht schämen. Weil Adam und Eva nicht um ihr Mann- und Weibsein wissen, befinden sie sich im Zustand paradiesischer Unschuld, in einem Leben von Naivität – und zwar solange sie nicht vom Baum der Erkenntnis essen.

Kein Wunder also, daß Adam und Eva von ihrer Geschlechtsgemeinschaft, zu der sie berufen sind, keinen Gebrauch machen. Da sie sich nicht als Mann und Weib erkennen, streben sie auch nicht danach, »ein Fleisch« zu werden. Der Zustand der Unschuld, in dem sie sich wie die Kinder befinden, die nicht zwischen Gut und Böse unterscheiden können, läßt sie keine Lust aufeinander verspüren, weil dazu die Erkenntnis unterschiedlicher Geschlechtlichkeit als notwendiges Spannungsverhältnis gehört. Insofern dürfte sich die Liebe zwischen Adam und Eva wie »Onkel-Doktor-Spiele« zwischen Kindern abgespielt haben.

»Es waren aber beide nackt, der Mensch und seine Frau, dennoch schämten sie sich nicht«: Genau das ist der Zustand von Kindern, die sich in ihrer Körperlichkeit gegenseitig untersuchen, nichts dabei finden, und sich vor allen Dingen nicht dabei schämen. Sexualität bedeutet dagegen immer, sich Schamgefühlen auszusetzen, die aus »sündhaft« empfundener Lust resultieren, d.h. es besteht in der Sexualität stets ein Spannungszustand. Die Liebe zwischen zwei Menschen überwindet die Scham und setzt sich Schamgefühlen aus, weil sie die Spannung genießen möchte. Wer im Dunkeln miteinander verkehrt, will Schamgefühlen ausweichen und in den Unschuldszustand des Paradieses zurückkehren.

Paradiesische Unschuld bedeutet Leben in Harmonie, gleichzeitig aber auch Leben in Langeweile. Wer nicht um Gut und Böse weiß, kennt keine Scham, und ihm fehlt die Polarität, zwischen der es sich zu entscheiden gilt. Ein solcher Zustand ist durch Spannungslosigkeit gekennzeichnet, und in einem solchen spannungslosen Zustand läßt es sich nicht lieben, da das Begehren fehlt. Kein Wunder also, daß den ersten Menschen – später suchte Eva nach Auswegen – die (Un-)Lust zum Problem wurde. Lust hat mit Scham und Schamverletzung zu tun, mit Dissonanz also, statt mit langweiliger Harmonie.

Natürlich ist eine solche Rede Evas, wie wir sie zu Beginn des Kapitels hörten, in der Bibel nicht zu finden: Adam und Eva hatten eben (noch?) kein Wissen davon, daß die Lust nur außerhalb des Paradieses verwirklicht werden kann. Daß Eva zumindest eine Ahnung davon besaß, verdeutlicht der Sündenfall, dem wir uns im nächsten Kapitel zuwenden wollen.

Der Sündenfall – ein Glück für die Menschheit

Adam wird seiner Eva beim ersten Rundgang durch das Paradies sicherlich den Baum der Erkenntnis mitten im Garten Eden gezeigt und ihr das Verbot Jahwes, davon zu essen, mitgeteilt haben. Insofern wußte Eva auf jeden Fall Bescheid, als die Schlange sie ansprach. Und in diesem Moment entstand in ihr Lust.

Neugierig war Eva allemal, weil sie sich mehr als Adam in dieser Harmonie vollkommenen Glücks und permanenter Zufriedenheit langweilte. Neugierig wie sie war, hatte sie vielleicht schon einmal näher hingeschaut, dabei die unterschiedliche Ausstattung von sich und Adam wahrgenommen, und sich in aller Unschuld und Naivität Gedanken darüber gemacht, wozu diese Unterschiedlichkeit denn wohl gut sei.

Ein solches Neugierverhalten zeigen Kinder, wenn sie mit ihrem eigenen Geschlechtsteil spielen oder die gegenseitigen Geschlechtsteile untersuchen. Sinnlichkeit und sexuelle Lust sind dabei noch nicht im Spiel; dazu müssen Kinder – wie auch Eva und Adam – erst ihre Unschuld verlieren. Im Paradies besorgte dies die Schlange.

Doch hören wir erst einmal den Jahwisten mit der Geschichte vom Sündenfall:[7]

1. Die Schlange war klüger als alle Tiere des Feldes, die Jahwe-Elohim gemacht hatte. Sie sprach zu der Frau: Hat Elohim wirklich gesagt, daß ihr von keinem Baum des Gartens essen dürft?

2. Da antwortete die Frau der Schlange: Von allen Früchten der Bäume im Garten dürfen wir essen.

3. Nur von der Frucht des Baumes, der in der Mitte des Gartens steht, hat Elohim gesagt: Davon dürft ihr nicht essen, ja, ihr dürft noch nicht einmal daran rühren, sonst müßt ihr sterben!

4. Die Schlange entgegnete darauf der Frau: Keineswegs werdet ihr sterben!

5. Elohim weiß nämlich, daß euch dann, wenn ihr davon esset, die Augen aufgehen und ihr selbst wie Elohim werdet, erkennend Gutes und Böses.

6. Da sah die Frau, daß der Baum gut war zum Genuß, daß er eine Lust war für die Augen und daß der Baum erstrebenswert war, um Einsicht zu gewinnen; sie nahm von seiner Frucht und aß, und sie gab auch ihrem Mann, der bei ihr war, und er aß auch.

7. Da gingen den beiden die Augen auf, und sie erkannten, daß sie nackt waren. Sie hefteten daher Blätter vom Feigenbaum zusammen und machten sich Schurze.

Das ist schon eine merkwürdige Geschichte, wenn man sie zum erstenmal liest. Da gibt es einen Baum, der mehr bedeutet als ein gewöhnlicher Baum: »Davon dürft ihr nicht essen, ja, ihr dürft noch nicht einmal daran rühren, sonst müßt ihr sterben«. Auch ist von einem Apfel die Rede, der mehr bewirkt als eine normale Frucht: »Wenn ihr davon esset, (werden euch) die Augen aufgehen.« Schließlich tritt eine Schlange auf, die kein normales Tier ist, sondern sprechen und voller List argumentieren kann.

Wie reimt sich das alles zusammen? Um zu einem Verständnis zu kommen, müssen wir die Symbole deuten, denn um solche handelt es sich. Zur Zeit des Jahwisten war den Hörern oder Lesern der Sündenfallgeschichte die Bedeutung der Symbole bekannt, die wir uns erst neu erschließen müssen. Vorweggesagt: es handelt sich eindeutig um Sexualsymbolik, auch wenn darin nicht alle exegetischen Analysen übereinstimmen.

Beginnen wir mit der Schlange: Das Bedrohliche, das von Schlangen ausgeht, ist Allgemein-Empfinden und so alt wie diese Tierart selbst. Die Erklärung dafür liegt in der Einzigartigkeit dieser Gattung, die sich auf dem Bauche kriechend durch schlängelnde Rumpfbewegungen fortbewegt. Ihre geräuschlose Fortbewegungsart und der drohende Giftbiß verursachen Angst, und der glitschig wirkende »nackte« Körper Widerwillen. Ob die Schlange bei alldem nicht dennoch ein schönes Tier ist, sei dahingestellt; jedenfalls wirkt sie unheimlich und es gilt, sich vor ihr in acht zu nehmen.

In der Genesis schreibt der Jahwist der Schlange noch zwei weitere »unheimliche« Eigenschaften zu; eine davon spricht er wörtlich an:

»Die Schlange war klüger als alle Tiere des Feldes...«

Und diese Klugheit verleiht ihr, zusammen mit der Möglichkeit des Sprechens, demagogische Fähigkeiten. Gegen die Verführung durch die Schlange hat das Unschuldslamm Eva keine Chancen. Die Schlange war nämlich nicht nur das klügste der Tiere, sondern sie war auch klüger als die unerfahrene und weltfremde Eva, die das Böse noch nicht kannte. Die Schlange kennt das Verbot Gottes um den Baum der Erkenntnis und bringt Eva auf listige Weise aufs Thema, indem sie dieses Gottesverbot aufs stärkste übertreibt: »Sie sprach zu der Frau: ›Hat Elohim wirklich gesagt, daß ihr von keinem Baum des Gartens essen dürft?‹.«

Und so nimmt die Verführung ihren Lauf, denn Eva kann in ihrer Einfalt nicht ahnen, daß die Schlange Böses im Schilde führt. Die Verführung wird vom Jahwisten plastisch ausgemalt. Zum erstenmal sieht Eva den Baum der Erkenntnis und dessen Früchte mit ganz anderen Augen. Plötzlich werden sie begehrenswert, und so nimmt sie und ißt.

Welche Bedeutung kommt denn nun der Schlange und dem Essen der verbotenen Frucht zu? Die Schlange als Verführerin kommt in allen Deutungen vor, ohne daß damit Wesentliches über ihre mythologisch-symbolische Bedeutung ausgesagt wird. Weippert[8] vertritt dazu eine besonders eigenwillige Ansicht, wenn er sagt: »...das Zwiegespräch Evas mit der Schlange ist die mythologische Darstellung eines Gewissenskonflikts.« Von Sexualsymbolik also keine Spur, auch wenn Weippert[9] zugibt: »Die Schlange ist... der Repräsentant des Tierhaft-Biologischen, Repräsentant der Triebschicht.«

Noch harmloser sieht das Schempp[10], der sich darüber

ereifert, was aus der Sündenfallgeschichte alles schon herausgelesen wurde: »Wurden darüber nicht Konzile gehalten, Menschen verdammt und verbrannt, Kirchen gespalten und Leidenschaften entbrannt, die tief in die Geschichte des Abendlandes eingriffen, und das alles mit Berufung auf diese Geschichte am Anfang der Bibel.«

Für Schempp ist die Erklärung einfach; für ihn ist die Geschichte »doch im Grunde nur eine gut erzählte kleine Fabel zur Erklärung der Entstehung des Schamgefühls und der Bekleidung in der Frühgeschichte der Menschheit.« Schempp hat dabei wohl Genesis 2, Vers 7 allzu wörtlich genommen, wo es heißt:

> »Da gingen den beiden die Augen auf, und sie erkannten, daß sie nackt waren. Sie hefteten daher Blätter vom Feigenbaum zusammen und machten sich Schurze.«

Ohne Sexualsymbolik kommt auch Gunkel[11] aus, der die »Erkenntnis der Nacktheit« als den in einem einzigen Augenblick vorsichgehenden Reifeprozeß deutet, der stets mit Sünde verbunden sei: »Die Aufklärung, die Reife, wird nur erlangt durch Sünde hindurch.« Nur sehr vorsichtig läßt Gunkel durchblicken, daß diese Sünde vielleicht eine geschlechtliche Sünde war, wenn er fortfährt: »Man denke nur an die Art, wie den halbwüchsigen Kindern die erste Kunde von den geschlechtlichen Dingen zukommt.« Im Gegensatz zu Schempp sieht Gunkel in der Sündenfallgeschichte keine Erklärung für die Entstehung des Schamgefühls: »Nur einen Zusammenhang von Sünde und Schamgefühl der Geschlechter möge man hier nicht vermuten; weiß doch jeder, der Kinder beobachtet, daß die Schamhaftigkeit eine Tugend und keineswegs eine Folge der Sünde ist.« – Über den zweiten Teil dieses Satzes, daß Schamhaftigkeit eine Tugend sei, ließe sich trefflich streiten; das soll uns aber hier nicht interessieren, da diese Deutung des Sündenfalls als Entstehung des Schamgefühls allzu vordergründig ist.

Kehren wir nochmals zur Schlange zurück: In vielen alten Kulturen hatte die Schlange geschlechtliche Bedeutung. Sie galt als Phallussymbol und verhieß Fruchtbarkeit. Im Isis-

Kult der Ägypter tragen die Götterskulpturen immer das Symbol der Schlange, das für Macht über Leben und Tod steht.

Auf diesem Hintergrund läßt sich die Geschichte von Evas Verführung durch die Schlange doch etwas anders interpretieren, nämlich als geschlechtliche Verführung, worauf Paul Schwarz[12] hinweist, wenn er sagt: »Im allgemein verbreiteten Sündenfallverständnis ist Eva die Personifikation der Sinnlichkeit, der mit der Schlange als Aufreizung der Sinnlichkeit und Verführer ein besonders enges Verhältnis nachgesagt wird. So wird in der jüdischen Haggada die Verführung Evas durch die Schlange als geschlechtliche Verführung aufgefaßt, und auch in neueren Volkserzählungen verspüren wir noch Nachklänge dieser geglaubten Verbindung zwischen Eva und der Satansschlange.«

Dem Jahwisten kam es darauf an, derart Anstößiges durch eine symbolische Sprache zu verhüllen, die nur Eingeweihten verständlich war. Ohne Kenntnis dieser Symbolsprache würde uns manche Stelle der Bibel unverständlich bleiben. Auch die Geschichte vom Sündenfall kann man nur mit ihrer Hilfe verstehen.

Wenden wir uns nun dem Essen der verbotenen Frucht vom Baum der Erkenntnis zu. Die Geschichte vom Sündenfall benennt die Frucht nicht genauer. Dennoch setzte sich die Vorstellung durch, daß es sich um einen Apfel gehandelt hat. Warum Apfel? Schwarz[13] vermutet eine Assoziation mit den goldenen Hesperidenäpfeln im Göttergarten am Rande der Welt, bzw. unter Berufung auf Guldan, daß »malum« mit seinen zwei Wortstämmen und seinen zwei Bedeutungen »Das Böse« und »Der Apfel« in etymologisch-allegorischer Verkleidung die Art der schicksalhaften Frucht zu verraten schien.

Die Assoziation mit den goldenen Hesperidenäpfeln ist um so naheliegender, da auch die Hesperiden, eine Insel oder Inselgruppe der griechischen Mythologie, von einer Schlange bewacht wurden. Die goldenen Äpfel gehörten der Liebesgöttin Aphrodite und besaßen von daher erotisch-verführerische Qualitäten.

Der Apfel ist mehr als eine Frucht – er ist ein erotisches Symbol. In der griechischen Sage soll Paris den Liebesapfel der Schönsten überreichen, mit der er sich verbinden möchte.

Erotisches Symbol ist der Apfel wegen seiner Ähnlichkeit mit der weiblichen Brust. Als erotisches Symbol muß der Apfel auch in der Sündenfallgeschichte gedeutet werden. Goethe verweist auf diese Bedeutung, wenn er Faust in der Walpurgisnachtszene zu der Schönen sagen läßt:

»Einst hatt' ich einen schönen Traum:
Da sah ich einen Apfelbaum,
Zwei schöne Äpfel glänzten dran,
Sie reizten mich, ich stieg hinan.«

und die Schöne antwortet:

»Der Äpfelein begehrt ihr sehr,
Und schon vom Paradiese her.
Von Freuden fühl ich mich bewegt,
Daß auch mein Garten solche trägt.«

Die Sexualsymbolik des Apfels ist weit verbreitet. So bezeichneten die Römer in harmloser Umschreibung den Geschlechtsverkehr mit »Poma legere« – d. h. Äpfel stehlen oder auflesen. Noch offensichtlicher wird die Beziehung zwischen Apfel und dem Geschlechtsverkehr, wenn es – wie beim Volksstamm der Pangwe – nur ein Wort für die verbotene Frucht und die weibliche Scheide gibt, worauf Schwarz unter Berufung auf Preuss verweist.

Aber nicht nur der Apfel ist als Sexualsymbol zu verstehen, sondern auch »das Essen« ist ein bekannter Euphemismus, d. h. eine Umschreibung für den Geschlechtsakt. Als Beleg führt Ludwig Levy [14] eine Reihe von Beispielen aus dem Talmud an.

So sind Unterhaltungen der Jerusalemer, bei denen einer den anderen fragt: »Was hast du heute gespeist? Brot aus dem gebeutelten Mehl oder aus dem ungebeutelten Mehl?« eindeutig erotisch-frivol gemeint. Den Beischlaf bezeichnet auch der Hinweis in Sprüche 30, 20, wo es von der Ehebrecherin heißt: Nach dem Essen wischt sie sich den Mund ab und sagt: Ich habe nichts Unrechtes getan.

Eigentlich hätte es der Jahwist beim Pflücken des Apfels belassen können, um klarzumachen, worin die Sünde des ersten Menschenpaares bestand. Heißt es doch in Genesis 2,3, daß Adam und Eva nicht einmal an der Frucht des Baumes der Erkenntnis rühren durften. Um es aber auch dem letzten zu verdeutlichen, was Adam und Eva trieben, wird der Jahwist in Genesis 2,6 überdeutlich, wenn er ausführt: »...sie nahm von seiner Frucht und aß, und sie gab auch ihrem Mann, der bei ihr war, und er aß auch.«

Auch wenn sich der eine oder andere Interpret der Sündenfallgeschichte windet, wie Olle Holmberg[15], der im Verbot des Essens von der Frucht des Baumes der Erkenntnis lediglich das Symbol für ein Verbot gegen sexuelle Neugier sieht: der Sündenfall ist der erste Geschlechtsverkehr der Eva mit ihrem Adam. Kein neugieriges Herumfummeln mehr, sondern Vollzug. Und die Strafe für das verbotene Lustspiel folgte auf dem Fuße. Nicht nur, daß Eva gleich beim erstenmal schwanger wurde, sondern beide müssen auch ihr gastliches Schlaraffenland verlassen, in dem sie sich um nichts zu kümmern brauchten. Also nichts mehr mit Herumgammeln, sondern jetzt hieß es »malochen«. Beim Jahwisten liest sich der Abschnitt »Der Mensch im Gericht«, Genesis 3,8 bis 19 wie folgt:

8: Als sie die Stimme Jahwe-Elohims hörten, der sich im Garten beim Wehen des Tagwinds erging, versteckten sie sich, der Mensch und seine Frau, vor Jahwe-Elohim inmitten der Bäume des Gartens.

9: Aber Jahwe-Elohim rief den Menschen und sprach zu ihm: Wo bist du?

10: Er antwortete: Deine Stimme habe ich im Garten vernommen, und da fürchtete ich mich, denn ich bin nackt, und so verbarg ich mich.

11: Nun sprach er: Wer hat dir kundgetan, daß du nackt bist? Hast du etwa von dem Baum gegessen, von dem ich dir zu essen verboten habe?

12: Da sagte der Mensch: Die Frau, die du mir zugesellt hast, sie hat mir von dem Baum gegeben, so daß ich aß.

13: Und Jahwe-Elohim sprach zu der Frau: Warum hast du das getan? Die Frau gab zur Antwort: Die Schlange hat mich verführt, so daß ich aß.

14: Da sprach Jahwe-Elohim zu der Schlange: Weil du dies getan hast, sollst du verflucht sein unter allem Vieh und unter allen Tieren des Feldes. Auf deinem Bauche sollst du kriechen und Staub fressen alle Tage deines Lebens.

15: Feindschaft will ich setzen zwischen dir und der Frau, zwischen deiner Nachkommenschaft und ihrer Nachkommenschaft; sie wird dir den Kopf zertreten, aber du wirst nach ihrer Ferse trachten.

16: Zu der Frau sagte er: Zahlreich will ich die Beschwerden deiner Schwangerschaft machen, in Schmerzen sollst du Kinder gebären; zu deinem Mann geht dein Verlangen, aber er soll über dich herrschen.

17: Zu dem Menschen sprach er: Weil du auf die Stimme deiner Frau gehört hast und von dem Baum gegessen hast, von dem ich dir verboten habe: du sollst nicht davon essen, so sei verflucht der Erdboden um deinetwillen, in Mühsal sollst du von ihm essen alle Tage deines Lebens.

18: Dornen und Disteln soll er dir sprossen, und das Kraut des Feldes sollst du essen.

19: Im Schweiße deines Angesichts sollst du dein Brot essen, bis du zum Erdboden zurückkehrst, von dem du genommen bist; denn Staub bist du, und zum Staub sollst du zurückkehren!

Was ist das für eine unsinnige und harte Strafe für das Essen eines Apfels? Sie deutet darauf hin, daß das doch wohl mehr als ein verbotenes Dessert war. Und so bemerkt Levy [16] mit Recht: »An dieser Stelle merkt man den Kommentaren, die die erste »Sünde« nicht sexuell verstehen wollen, die Verlegenheit an, es fehlt ihnen die Beziehung zwischen Schuld und Strafe.« Diese Beziehung wird nach Levys Ansicht verständlich, wenn man sich den Doppelsinn der Sexualsymbolik in der Bestrafung ansieht. Levy: »Womit man gefehlt, damit wird man bestraft.«

Erinnern wir uns: Die Schlange ist in der Geschichte vom Sündenfall nicht nur Tier, sondern auch Phallussymbol; dementsprechend trifft sie der Fluch:

> »Auf deinem Bauche sollst du kriechen und Staub fressen alle Tage deines Lebens.«

Das ist eine sehr plastische, bildhafte Beschreibung mit doppelter Bedeutung. Sowohl »auf dem Bauche kriechen« als auch »Staub fressen« sind Umschreibungen für den Geschlechtsverkehr. Das letztere habe ich bereits an früherer Stelle ausgeführt. »Courir sur le ventre« d. i. auf dem Bauch herumrutschen, lautet im Französischen die Umschreibung für den Geschlechtsakt, worauf Levy [17] unter Bezugnahme auf Landes, Glossaire erotique, verweist.

Evas Strafe für den sündigen Verkehr mit ihrem Adam bedarf keiner Deutung:

> »Zahlreich will ich die Beschwerden
> deiner Schwangerschaft machen,
> in Schmerzen sollst du Kinder gebären;
> zu deinem Mann geht dein Verlangen,
> aber er soll über dich herrschen.«

Eva hat geschlechtlich gesündigt und wird dementsprechend mit Schwangerschaftsbeschwerden und Geburtsschmerzen bestraft, und weil sie ihren Adam verführt hat, muß sie nach ihm verlangen, und er soll wegen ihres sexuellen Verlangens über sie herrschen. Bemerkenswert daran ist, wie einfach sich der Jahwist die Erklärung für die damals geltende Ansicht von der niedrigeren Stellung der Frau im Verhältnis zum Mann machte.

Die Deutung der Strafe für Adam ist dagegen wesentlich schwieriger. Der Erdboden sei verflucht, in Mühsal soll er von ihm essen, Dornen und Disteln sollen sprießen und im Schweiße des Angesichts soll er sein Brot essen.

Daß dies die Strafe für den Geschlechtsverkehr mit Eva ist, wird auf den ersten Blick nicht klar. Verständlich wird sie erst, wenn man weiß, daß die Frau in der Symbolsprache des Altertums »das Feld« genannt wurde. Ackerbau und menschliche Zeugung galten als identische Vorgänge, und zwar bis in die Details. Da der Zusammenhang zwischen männlicher Samen- und weiblicher Eizelle unbekannt war, wurden »säen« und »zeugen« gleichgesetzt. Diese Gleichsetzung findet sich sogar in der Sprache wieder; so gibt es im Hebräischen z. B. nur ein Wort für »Samen« und »Kind« und im Griechischen nur ein Wort für »säen« und »zeugen«.

Verständlich wird dieser enge Zusammenhang, wenn man bedenkt, daß der Ackerbau in den primitiven Kulturen Leben bedeutet. So war eben Feld oder Acker mit Frau gleichgesetzt, der Pflug war Phallus und die Ackerfurche die weibliche Scheide.

Auf Adams Bestrafung übertragen bedeutet dies: weil er »geackert« hat, d. h. Geschlechtsverkehr mit Eva hatte, heißt es jetzt für ihn, richtig zu ackern und die harte Erde des Feldes zu bebauen.

Es ist erstaunlich, mit welcher Gelassenheit Adam und Eva die Strafe hinnehmen. Sie sagen nichts. Kein Wort von Entschuldigung oder Reue, kein Bitten und Betteln um Nachsicht oder Gnade, nach dem Motto: »Wir wollen auch nie wieder miteinander schlafen.« Dieses Verhalten läßt doch nur den Schluß zu, daß der Akt selbst so lustvoll war, daß sie dafür lächelnd die Strafe in Kauf nahmen, oder daß sie absichtlich gesündigt haben, um der Langeweile dieser paradiesischen Harmonie zu entfliehen. War der Sündenfall denn nun ein großes Unglück oder vielleicht doch das größte Glück für die Menschheit?

Schauen wir uns einmal an, was die ersten Menschen durch

ihren Liebesakt erreicht haben. Mit dem Verstoß gegen das Tabu, nicht vom Baum der Erkenntnis zu essen, verloren sie zwar ihre Unschuld, gewannen aber Reife und Einsicht. Im Stande der Unschuld waren die ersten Menschen naiv und weltfremd. Die Isolation und Beschränktheit des Paradieses, das ausschließlich »gut« war, ließ sie kein Wissen vom Bösen besitzen, weil sie das Gute unmittelbar besaßen. Weippert[18] dazu: »Vor der Tat ist der Mensch gut in Unwissenheit, gut durch sein Dasein, nicht durch Entschluß. Er ist gut durch sein Geschaffensein, nicht aber durch Selbstbestimmung.«

Vor dem Sündenfall waren der Mensch und sein Weib eins mit Gott und schämten sich nicht. Im Stande der Unschuld waren sie keine Geschlechtswesen, sondern standen sich »als Personen gegenüber und auf übergeschlechtliche Weise in Beziehung zueinander.«[19]

Durch den Sündenfall werden Adam und Eva Geschlechtswesen; d. h. Individuen. In dem einen Augenblick, wo sie vom Baum der Erkenntnis essen und das Tabu Jahwes übertreten, vollziehen sie den Schritt von der Einfalt in die Reife des Erwachsenseins. Durch den Verlust der Unschuld werden sie sehend. Diese Erkenntnis ist jedoch nicht nur eine Erkenntnis in sexueller Hinsicht, sondern eine Erkenntnis schlechthin: war ihre Welt bis dahin nur gut, so stellt sie sich plötzlich als gut und böse heraus, und gewinnt damit die lebensnotwendige Polarität, in der sich die Existenz von bewußten Menschen abspielt.

Durch die Übertretung des Verbots wird die Harmonie zwischen ihnen und Jahwe gestört. Adam und Eva sind plötzlich nicht mehr eins mit Gott, ja sie sind auch nicht mehr eins untereinander, wie das Schamgefühl zeigt, das sie nach der Tat empfinden. Dadurch, daß sie sich im ersten Geschlechtsverkehr gegen Gott auflehnen, trennt sich Jahwe von ihnen. Die erste bittere Erkenntnis eines Erwachsenwerdens besteht wohl darin, daß der bisherige, paradiesisch-unschuldige Zustand ein für allemal verloren ist und es jetzt gilt, sich ständig mit der Entscheidung zwischen Gut und Böse abzuplagen.

Diese »Erkenntnis« gilt nach dem Sündenfall für alle Menschen: Einsicht und Reife gewinnen, d. h. erwachsen werden, kann man nur durch Auflehnung und Tabuverletzung, also durch Sünde und Schuld hindurch.

Daß die Einsicht und Reife durch einen Geschlechtsakt gewonnen wird, ist nicht nur von Bedeutung für das Sexuelle in der menschlichen Existenz, sondern scheint mir beim Jahwisten auch eine doppelt symbolische Bedeutung zu haben. Ich wies an früherer Stelle bereits auf den engen Zusammenhang von »Säen« und »Zeugen« in den primitiven Ackerbaukulturen hin. Wenn »Säen« neues Leben in der Frucht des Ackers schafft, so erschafft auch der Samen Adams neues Leben. Indem Adam sät, zeugt er mit Eva seine neue Existenz, sein neues Leben. Und diese Tat konnte nur im Geschlechtsverkehr vollzogen werden.

Deshalb hier also nochmals die Frage: war der Sündenfall ein Glück für die Menschheit? – Ich meine, ja. Der Verlust der Unschuld und die Vetreibung aus dem »langweiligen« Paradies waren insofern ein Gewinn, weil sich das Menschengeschlecht ohne die Sünde des Urvaters nicht fortentwickelt hätte. Wir säßen alle heute immer noch im Paradies und wären über »Halleluja«-Singen nicht hinausgekommen.

Die Deutung des Sündenfalls als Glück und Gewinn für die Menschheit muß von den Kirchen allerdings fast schon als Gotteslästerung empfunden werden, da diese Genesis 3 als schuldhaftes Vergehen interpretieren, von dem sich die Seele reinigen muß. Die katholische Kirche vollzieht diese Reinigung auch heute noch symbolisch in der Taufe, durch die die durch den Sündenfall überkommene »Erbsünde« vom neuen Menschenwesen genommen wird.

Daß die Kirche eine Auslegung des Sündenfalls im Sinne eines Gewinns für die Menschheit schon immer als Gotteslästerung empfunden und dementsprechend verfolgt hat, zeigt ein Blick in die Kirchengeschichte auf die Sekte der Ophiten (von ophis – die Schlange). Diese gnostisch-christliche Sekte des dritten nachchristlichen Jahrhunderts übernahm den Schlangenkult, der aus der Zeit des Matriarchats stammte, als zentrales Signum. Dabei interpretierten die Ophiten die Schlange der Schöpfungsgeschichte als das lebenerzeugende Prinzip, als die weltsprengende Vernunft schlechthin. Von den Kirchenvätern wurde die ophitische Lehre als Narrheit abgetan. Diese »Narrheit« muß aber wohl doch einige Verbreitung und Anhänger gefunden und lange bestanden haben, wie das Gesetz gegen diese Sekte beweist, mit dem Kaiser Justinian im sechsten nachchristlichen Jahrhundert (530 n. Ch.) die Verfolgung der Ophiten verfügte.

In engem inneren Zusammenhang zur gnostischen Lehre betrachtet die klassisch-idealistische Weltanschauung den Sündenfall und die Vertreibung aus dem Paradies als entscheidenden Fortschritt für die Geschichte der Menschheit. Für Georg Wilhelm *Friedrich* Hegel ist Genesis 3 Reflex des Fortschritts des in der Geschichte zu sich selbst kommenden Geistes. »Durch das Pflücken vom Baume der Erkenntnis des Guten und Bösen verlor der Mensch die abstrakte, dumpfe Identität mit sich, trat er aus dem Zustande des unschuldigen Bewußtseins, aus der arbeitslos sich darbietenden Natur...«[20] Hegel bringt seine Meinung vom Paradies an anderer Stelle[21] auf den einfachen Nenner: »Das Paradies ist ein Park, wo nur Tiere und nicht die Menschen bleiben konnten.«

Auch Schiller deutete den Sündenfall positiv. Er charakterisiert ihn als »Abfall des Menschen vom Instinkt«, der zwar das »moralische Übel in die Schöpfung brachte, aber nur um das moralische Gut darin möglich zu machen«. Ulrich Hedinger[22] dazu: »Er [Schiller] steigert sich bis zum enthusiastischen Bekenntnis, daß diese Begebenheit ›ohne Widerspruch die glücklichste und größte‹ in der Menschheitsgeschichte sei. Der Mensch wurde durch solchen Fall aus einem unschuldigen Geschöpf ein schuldiges, aus einem vollkommenen Zögling der Natur ein unvollkommenes Wesen, aus einem glücklichen Instrument ein unglücklicher Künstler.«

Es ist Schiller zuzustimmen, wenn er schreibt, daß der Mensch durch seinen Fall »aus einem unschuldigen Geschöpf zu einem schuldigen« wurde. Geht doch eine Tabuverletzung immer mit dem Gefühl der Scham und Schuld einher. Andererseits bringt nur eine Tabuverletzung die Menschheit voran. Ob Michelangelo, der an Leichen anatomische Studien trieb, oder Sigmund Freud, der das Tabu brach, über

Sexualität zu forschen und zu schreiben, ob Revolutionäre jeglicher Couleur – alle machten sich schuldig im Verstoß gegen bestehende Tabus.

Gerade der Bereich der Sexualität hat mit ständiger Tabuverletzung zu tun. Körperliche Intimität und Penetration verstoßen stets gegen das Tabu »Komm' mir nicht zu nahe«, mit dem ein Mensch seine Intimzone verteidigt. Kein Wunder, daß eine solche Tabuverletzung immer nur kurzzeitig im Geschlechtsverkehr zweier Menschen geduldet wird: anschließend zieht man sich in seine Intimzone zurück, indem man sich vom Partner abwendet oder in das eigene Schlafzimmer umzieht.

Andererseits lebt Lust aus der Verletzung von Tabus, ja, Lust ist oft um so stärker, je strenger oder größer das Tabu ist. Der lustvoll-sündigen Tat folgen vielfach Scham und Schuldgefühle. Um solche Gefühle zu empfinden, muß es nicht einmal der Geschlechtsverkehr mit der Frau des besten Freundes oder dem Mann der besten Freundin sein, sondern dafür reichen durchaus bestimmte sexuelle Praktiken mit dem eigenen Mann/der eigenen Frau aus, die bei Tage und im »nüchternen Zustand« nie vorstellbar wären, geschweige denn geduldet würden.

Wenn Nietzsche den geschlechtlichen Vollzug in der Ehe als »lizenzierte Unzucht« beschreibt, so meint er damit, daß ehelicher Verkehr das Tabu »du sollst keine Unzucht treiben« bricht. Lust führt zu Tabuverletzung, und diese Tabuverletzung geschieht in paradiesischer Schamlosigkeit. »Sie waren schamlos zueinander« meint, daß zwei Menschen bei der körperlichen Vereinigung zwar keine Scham empfinden, hinterher jedoch durchaus Schamgefühle haben, weil sie sich »schuldig« fühlen. Wäre es nicht so, gäbe es keine Liebe. O glücklicher Sündenfall!

Die Sehnsucht nach dem verlorenen Paradies

In den beiden ersten Kapiteln haben wir uns vor allem mit der Schöpfungsgeschichte des Alten Testaments beschäftigt. Dabei handelt es sich nicht nur um eine Angelegenheit für Experten und Christen, die das Einmaleins ihrer religiösen Anschauungen diskutieren oder auch erlernen wollen. Das Paradies, die Erschaffung von Adam und Eva, der Sündenfall und die Vertreibung: Es ist wohl keine der alttestamentarischen Geschichten bis in die Einzelheiten so bekannt wie die Paradieserzählung, die die Phantasie des Menschen über Jahrtausende beschäftigt und geprägt hat. Es gibt eine unübersehbare Fülle von Märchen, Mythen, Traumgebilden und Utopien, die auf die Paradieserzählung zurückgehen; selbst Urlaubsprospekte, Schlagertexte, Filme, Heiratsanzeigen und Werbeslogans knüpfen an die Motive dieser Erzählung und die damit verbundenen Wünsche und Hoffnungen an. Wie läßt sich dieses große, allgemeine und andauernde Interesse an der kleinen, scheinbar so harmlosen Geschichte erklären?

Die Genesis beschreibt nicht nur, wie die schmerzliche Seite des Lebens, Schwangerschaft und harte Arbeit, aber auch die orgastische Lust und die Selbstbestimmung des Menschen in die Welt gekommen sind, sondern sie gibt daneben noch eine andere, existentielle Antwort auf die Frage: Was ist der Mensch?

Die Wissenschaft vom Menschen, die Anthropologie, bietet für diese Frage u. a. folgende Antworten an: Der aufrechte Gang, die Vernunft, Sprache und Kultur, die mangelhafte Ausstattung in bezug auf die Angepaßtheit zur Umwelt und die Fähigkeit, durch Arbeit, Ackerbau, Herstellung von Kleidung etc., das Überleben zu sichern – diese Merkmale zeichnen das Lebewesen Mensch aus. Die Schöpfungsgeschichte fügt hier einen weiteren Aspekt hinzu. Adam und Eva als die Ureltern der Menschheit vererben ihren Nachfahren vor allem eines: die Sehnsucht nach dem verlorenen Paradies.

Das läßt sich zwar einfach behaupten, und es gibt, wie wir gesehen haben, gute Gründe dafür, daß der Sündenfall ein Glücksfall für die Menschheit gewesen ist. Recht glücklich ist der Mensch damit jedoch niemals geworden. Dementsprechend ist für Klaus H. Börner[23] die Hoffnung auf das Paradies ein »Urverlangen des menschlichen Geistes und des menschlichen Herzens«; Börner sieht in diesem Urverlangen eine »anthropologische Konstante.«

Der Mensch ist Mensch, insofern er von der Sehnsucht nach dem verlorenen Paradies getröstet und entlastet, bewegt und angetrieben, gepeinigt und heimgesucht wird. So erzählt die Genesis mit dem Sündenfall und der Vertreibung vor allem auch von der Hoffnung auf eine Rückkehr ins Paradies, eine vergebliche Hoffnung, die als die eigentliche Strafe, aber auch Gnade Jahwes anzusehen ist.

Die Paradiessehnsucht ist in den unterschiedlichsten Formen wiederzufinden. Nach christlicher Auffassung ist das Leben eine Pilgerfahrt durch das irdische Jammertal zur Herrlichkeit des himmlischen Paradieses. Wie auch immer dieses Paradies aussehen mag, es ist auf jeden Fall ein Ort im Jenseits, d.h. nicht von dieser Welt und nicht in diesem Leben erreichbar. Entsprechendes gilt für vergleichbare Utopien. Sie besitzen überhaupt keinen Ort, weder im Diesseits noch im Jenseits. Sie sind Produkte der Phantasie. Utopie wird dementsprechend übersetzt als Nichtland oder Nirgendland.

Columbus dachte hier schon weltlicher. Er glaubte, als er den Golf von Mexiko erreichte, daß er im wahren Mündungsgebiet der Paradiesflüsse angelangt sei. In Reiseberichten wird deutlich, welche Ziele einem Francis Drake und Walter Raleigh vor Augen schwebten: Sie waren auf der Suche nach dem irdischen Paradies.

Etwas näher gerückt ist dieser Ort im Zuge der Säkularisation. Manche Schrebergartenidylle beansprucht auf ein paar Quadratmetern ein Stück des paradiesischen Ortes. Auch die schönsten Wochen des Jahres sollen paradiesisch sein. Wer denkt da nicht an eine Südseeinsel, an die vollste Befriedigung aller Bedürfnisse, die ansonsten doch nur spärlich zu ihrem Recht kommen können. Und wer weiß es nicht, daß das Paradiesische teuer bezahlt werden muß, daß es an Glanz verliert, um so näher es rückt, daß es nur zeitweilig zu realisieren ist oder gar: daß dieser Versuch bestens dazu geeignet ist, in einer Katastrophe zu enden.

Die Paradiesvorstellungen sind so vielfältig wie die Motive, so daß an dieser Stelle keine umfassende Darstellung gegeben werden kann. Wir wollen uns auf das Wichtigste beschränken. Erholung, Entlastung, Kompensation sind die Stichworte, die uns hier weiterführen können. Dabei sind stets zwei Seiten zu berücksichtigen, die Mittel und der Zweck, aber auch die Ursachen, die die ganze Veranstaltung erforderlich machen. Niemand wird Entlastung suchen, wenn er nicht belastet ist. Auch wird er wohl kaum Hoffnungen hegen und sich Wunschträumen hingeben, wenn er mit seiner Wirklichkeit zufrieden wäre. So setzt die Paradiesvorstellung immer auch die Erfahrung von Arbeit, Hunger, Krankheit oder Tod, von dem Mangel und der Unvollkommenheit des Lebens voraus. Sie verspricht die Erlösung von allem Übel; sie bietet tröstliche und hoffnungsvolle Gegenbilder. Dementsprechend lassen sich an den Paradiesvorstellungen immer auch die unbefriedigten Bedürfnisse, die verdrängten Wünsche und die drückendsten Ängste ablesen und lokalisieren.

Die Paradiesvorstellung der Schöpfungsgeschichte verweist deutlich auf die Probleme einer bäuerlichen Gesellschaft. Der Garten Eden verspricht ein Leben, das sich, aller Mühsal entledigt, auf die Ernte und den Genuß der Früchte konzentrieren kann. Entsprechendes gilt für die weitverbreitete und wohlbekannte Variante dieser Vorstellung, das Schlaraffenland. Werfen wir zur Erinnerung einen kleinen Blick in diese kulinarische Landschaft:

> »Und wir überstiegen den Butterberg und sahen am Rande eines Sees ein kleines, saftiges Boot aus Rinderfett liegen, seine Haut aus Talg, sein Hinterteil aus Schinken, sein Bug aus Eierrahm, seine Bänke aus altem Speck (...). Wir ruderten über den See von Frischmilch, über die Untiefen von Sauermilch an den Dickmilch-Inseln vorbei zu den Quark-Klippen, zu den Molken-

> Inseln, über den Seekies von Honigseim und stießen ans Land zwischen der Buttermündung, dem Quarkberg und dem Milch-See.«[24]

In den Einzelheiten müßte diese Landschaft heutzutage, z. B. für den bundesdeutschen Durchschnittsbürger, ganz anders aussehen, und nicht nur, weil die Geschmäcker unterschiedlich sind. Der Butterberg ist inzwischen zum Wahrzeichen der Überflußgesellschaft und zum Symbol krasser Fehlplanung herangewachsen, also wohl kaum noch geeignet, etwas Paradiesisches darzustellen. Das Schlaraffenland in der oben beschriebenen Form würde bei dem gesundheitsbewußten Menschen der Wohlstandsgesellschaft eher Übelkeit erregen, und für den kalorienbewußten, auf seine Linie bedachten Esser wäre diese Vorstellung geradezu ein Alptraum. Ohne viel Phantasie zu verschwenden, ließe sich aber auch für diese Gruppe ein faszinierendes Bild entwerfen; der grüne Traum vom biologisch-dynamischen Paradiesgarten oder z. B., wie manche Schlankheitskuren versprechen, die Befreiung von allen asketischen Einschränkungen: Ein Essen im Überfluß und nach Belieben, ohne Schaden für die gute Figur und die Gesundheit. Deutlich wird, daß die Inhalte der Paradiesvorstellungen stetigen Wandlungen unterworfen und jeweils von den Bedürfnissen und Wünschen abhängig sind.

Sehen wir uns einmal den Dichter Klopstock an, der für seine Zeit, das 18. Jahrhundert, den Garten Eden umfunktionierte und mit diesen »Gefilden« ganz bestimmte Wünsche verband. Da auch heutzutage diese romantische Vorstellung weit verbreitet ist, lohnt sich der kurze Umweg. Klopstock interessiert am Paradies die Vorstellung, daß hier zwei Menschen füreinander geschaffen sind. Beseitigt wird mit diesem Wunschtraum das Problem, ob dieser Mann und diese Frau »gut zusammenpassen«, d. h. die Qual der Wahl, die sich ergibt, sofern die Menschheit nicht mehr nur aus *einem* Paar besteht. Beseitigt wird ebenfalls das Problem, daß es sich zu entscheiden gilt. Eine Entscheidung im eigentlichen Sinne ist nicht notwendig und nicht möglich. Es gibt keine Freiheit der Partnerwahl, auch keine Auswegmöglichkeiten. Das Schicksal entscheidet und leitet. Es stellt sich lediglich die Frage, ob die Zusammengehörigkeit erkannt wird und zur Erfüllung gelangt.

Darüber hinaus verbindet Klopstock mit der Vorstellung von einer paradiesischen Liebe die Vorstellung eines umfassenden Verständnisses. Auch diese sehr enge Verwandtschaft und Gemeinsamkeit ist in der Bibelgeschichte angelegt. Die Frau ist Fleisch vom Fleische des Mannes, ein Stück von ihm. Klopstock legt das wie folgt aus: Die beiden Liebenden verstehen einander auch ohne Worte; ihre Seelen sind stets gleichempfindend; was in der einen sich regt, regt sich auch in der anderen.

Deutlich sind hier romantische Vorstellungen wiederzuerkennen. Es wird eine allumfassende Verständigung gewünscht und erwartet, ebenso das absolute Füreinanderbestimmt- und Aufeinanderangewiesensein. Die Motive liegen auf der Hand. Gesucht wird eine Hilfe, die, wie Eva für Adam, die Abhilfe gegen das Alleinsein leisten soll. Die Übersteigerung der Liebesauffassung ist zugleich Indiz für den Grad der Einsamkeit, unter der der Dichter leidet.

Eine *weitere* Funktion erfüllt diese Vorstellung. Sie ist, auch wenn sie nie erfüllt wird, zumindest vorübergehend Abhilfe gegen die drückendsten Ängste. In diesem Sinne läßt sich auch die Notwendigkeit des Sehnsuchtsdenkens erklären. Die Hoffnung auf bessere Zeiten hilft über die alltägliche Not hinweg. Ebenso wird mit der Schlaraffenlandphantasie eine gegenwärtige Notlage kompensiert, bzw. wird nur der, der unter Hunger und Durst leidet, sich mit ganzer Seele dieser Vorstellung hingeben können.

Wie weit die sogenannte romantische Auffassung der Liebe auch heute noch die Sehnsüchte und Hoffnungen grundlegend bestimmt, kann ein Blick in die Welt der Heiratsanzeigen bestätigen. Ganz im Gegenteil zur Schlaraffenlandidee haben sich die Inhalte dieser Vorstellung kaum geändert, ein Beispiel: »Ein Traum möge endlich wahr werden. 28 Jahre (m.). Du sollst nicht älter sein. Schon lange friere ich vor Einsamkeit und sehne mich nach Zweisamkeit. Unser Wunsch: Together forever in harmony.«

Ernst Bloch, bekannt durch sein »Prinzip Hoffnung«, unterscheidet zwischen real-möglichen und real-unmöglichen Utopien. Die Bilder vom Land, in dem Milch und Honig fließen, sowie von dem Ort der harmonisch-empfindsamen Zweisamkeit gehören zu der zuletzt genannten Sorte. Es sind hier auch real-mögliche Bestandteile enthalten, die als Zielvorgaben und Anreiz zur Herstellung einer »besseren« Welt dienen können. Gemeint ist mit dem Paradies jedoch etwas stets Absolutes, die vollkommene Harmonie und dementsprechend: das Unmögliche. Der Realist wird die Berechtigung solcher Träume bestreiten. Sie haben aber, auch wenn und gerade weil sie nicht realisierbar sind, ihre durchaus notwendige, ihre entlastende Funktion.

In bezug auf die Frage, ob diese Welten, wenn schon nicht realisierbar, so doch wenigstens besser sind, muß ein weiterer Punkt berücksichtigt werden. Es handelt sich um die Hoffnung auf ein utopisches Fernziel, ein progressives, grenzüberschreitendes Hoffen, aber vor allem auch um die Erinnerung an einen verlorenen Glückszustand, ein regressives, ja primitivistisches Erinnern.

Die Schlaraffenlandvorstellung zeigt deutlich diese Merkmale einer regressiven Utopie. Vorgestellt wird die problemlose Rundumversorgung, der Zustand des Säuglings, dessen Schrei genügt, damit die liebe Mama zur Abhilfe eilt. Hier fließt zwar nicht der Honig, aber doch die im Schlaraffenland so verräterisch allgegenwärtige Milch.

Auch die Utopie der konflikt- und schamfreien Zweisamkeit ist als eine solche Rundumversorgung zu verstehen, die nun mehr die Seele als den Leib betrifft. Ohne Mühsal, Anspannung und Streß ist die Abhilfe gegen das Alleinsein stets gewährleistet. Wie hieß es in der Anzeige: Together forever in harmony.

Ein drittes Charakteristikum der Paradiesvorstellung ist die Einförmigkeit und damit verbunden die bereits erwähnte Langeweile. Es verändert sich nichts. Die kulinarischen Quellen sind unerschöpflich, der Frühling ewig, das Klima permanent wohltemperiert. Entsprechendes gilt für das sanft erotisierte Klima zwischen den Geschlechtern: wohltemperiert!

Was einmal geschaffen wurde, ist, wie es ist, und es soll auch so bleiben. An Stelle der Veränderung und der Entwicklung bietet das Paradies das Immergleiche, das keinem Wandel unterworfen ist.

Erfüllt das Paradies als das Urbild der Hoffnung die Funktion der Entlastung, der Erholung und Entspannung, so sind hier jedoch auch Grenzen gesetzt. Der Anspruch auf die allumfassende Verständigung und die komplette emotionale Versorgung, das konfliktfreie, harmonische Zusammensein und das absolute Zusammengehören sind auch Ansprüche, die als Maßstab dienen und denen die Wirklichkeit gerecht werden soll. Enttäuschungen sind unausweichlich durch den Konflikt, daß es nicht so ist, wie es im Paradies sein sollte, nämlich paradiesisch konfliktfrei. Sündenfall und Bestrafung werden zum stets wiederkehrenden Geschehen, da das Absolute nicht realisiert werden kann, aber dennoch realisiert werden soll.

Niemand ist solchen Ansprüchen auf Dauer gewachsen. Es empfiehlt sich statt dessen ein produktiver Umgang mit der Sehnsucht nach diesen Idealen und mit dem Drang zur Perfektion. Wie soll und kann man damit produktiv umgehen? Wir beantworten die Frage am Beispiel der Tagträume.

In einer Untersuchung erläutert Rainer Schmidt[25] die kompensatorische Funktion der Tagträume; er bezieht sich dabei auf einen Satz von Ernst Bloch:

»Der Tagtraum ist die Möglichkeit der Bewahrung der Integrität der Persönlichkeit in einer diese bedrängenden Umwelt.«

Diese Schutzfunktion gibt dem Tagtraum seine Rechtfertigung. Schmidt erläutert auch den produktiven Umgang, der mit den Tagträumen möglich ist. Sie verweisen zunächst auf eine Mangelerfahrung. Der Autor bezieht sich auf den Fall eines jungen Menschen, der in seiner Berufsausbildung enttäuschende Erfahrungen hinnehmen mußte, unter Depressionen leidet und wie folgt träumt: »Ich dachte, Segelschiffbauer wäre ein möglicher Beruf für mich. Ich baue mir ein Schiff und fahre nach Singapur. Dort schlendere ich über den Markt, esse Äpfel und exotische Früchte. (...) Ich erwerbe zwei schöne Nepalteppiche und bringe sie mit zurück, hierher. Ich verkaufe sie und werde reich.«[26] Dieser Tagtraum ist nicht eine unfruchtbare Flucht aus der Realität, sondern ein wichtiges Mittel, falsche Lebensplanungen zu erkennen und zu korrigieren. Es gilt, den Tagtraum fruchtbar, d. h. nach Rainer Schmidt, »das in ihm enthaltene Potential an schöpferischem Mut zur Bewältigung der Realität nutzbar zu machen«. So ist der Tagtraum, recht verstanden, das Symbol für ein Ziel, auf das der Träumende zugehen könnte und sollte, »wenn er es nur in der realen Welt suchte und nicht im unerreichbaren fernen Land der Fiktionen.«

Dieses Potential an schöpferischem Mut gilt es auch in bezug auf die Paradiesvorstellung zu retten. Sie verweist zurück auf die Erfahrung der Einsamkeit. Am Beispiel Klopstocks konnten wir das bereits beobachten. Auch andere Mangelerfahrungen können hier kompensiert werden, z. B. die Erfahrung eines mechanischen, gefühllosen Sexuallebens oder das Erleben von Konflikten, die ständig wieder auftauchen, aber nichts einbringen. Erst in bezug auf diesen Hintergrund gewinnt das Ideal eines leidlosen, angstfreien und von Unsicherheit befreiten, konfliktfreien Lebens seine Leuchtkraft. In diesem Ideal steckt das Potential an schöpferischem Mut, das trotz der deprimierenden Erfahrungen vorhanden ist.

In bezug auf den oben erwähnten Tagtraum kann es nicht mehr darum gehen, daß nun der Beruf des Segelschiffbauers erlernt, Nepalteppiche erworben und wieder verkauft werden. Es geht um eine vergleichbare, sinnvolle Tätigkeit, um ein Ziel in der realen Welt. Ebenso kann es sich bei der Paradiesvorstellung nicht mehr darum handeln, einer Welt der harmonischen Eintracht – ohne Sexualität und Selbstbestimmung, völlig frei von Konflikten und Einsamkeitsgefühlen – nachzujagen.

Der Preis für die konsequente Verwirklichung des Paradieses ist nicht nur die Abwesenheit von Lust und Begehren. Erforderlich ist die Ausschaltung des Realitätsprinzips. Das Wort »Utopie« hat eine doppelte Bedeutung. Es bezeichnet ein »ersehntes Ideal« und einen »*verrückten* Plan«. Es gibt, so Frank E. Manuel[27], »Utopien, die so ausschließlich persönlich sind, daß sie an Schizophrenie grenzen«. Schizophrenie ist der Modus, der die Verwirklichung der Paradiesvorstellung ermöglicht.

Wer Schizophrene in der Psychiatrie beobachten konnte, stellt mit Erstaunen fest, daß viele dieser Menschen recht glücklich in ihrem »Paradies« zu sein scheinen. Sie wirken auch in vorgerücktem Alter jugendlich, reden mit den Vögeln und strahlen eine friedliche Ruhe aus. Ich habe diese Menschen einerseits immer beneidet, andererseits bin ich jedoch auch stets zutiefst erschrocken gewesen wegen des Preises, den sie für ihr »Paradies« bezahlen mußten. Die freie Selbstbestimmung, das Hoffen und Sehnen, all die berauschenden und gleichzeitig quälenden Gefühle mußten sie für ihr »Glück« opfern. Das glückliche Gefühl, nach langer Krankheit wieder gesund zu werden, nach Hoffen Erfüllung zu finden und nach Streit Versöhnung zu erleben, bleibt ihnen versagt. So tröstlich die Sehnsucht nach dem verlorenen Paradies auch sein mag, so gefährlich ist es, das Paradies auf Erden verwirklichen zu wollen.

Wie gut, daß wir, um Mensch zu bleiben, auf Erden das verlorene Paradies nicht wiederfinden. Wer es dennoch versucht, insbesondere in seiner Partnerschaft, kann es nur unter Verleugnung des Realitätsprinzips. Er projiziert dann seine Sehnsucht in seinen Partner und idealisiert ihn entsprechend. Wie sich in der Realität zeigt, ist derjenige, der so idealisiert wird, dieser Erwartung auf seelische Rundumversorgung nicht lange gewachsen. Die Verbindung ist zwangsweise zum Scheitern verurteilt.

Also begnügen wir uns lieber mit dem schönen Tagtraum, dem erholsamen Ferienaufenthalt und der entspannenden Feierabendidylle, und belassen das Paradies ansonsten dort, wo es hingehört: im Nirgendland oder im Jenseits.

Ideale und Liebe

Das Krankheitsbild der Schizophrenie zeigt in extremer Form und deshalb sehr eindringlich, was falsche Ideale anrichten können. Aber auch im Normalfall wird das Realitätsprinzip außer Kraft gesetzt, wenn auch nur in Teilbereichen, so doch mit ebensolcher Konsequenz.

Mit dem Normalfall ist hier folgendes gemeint: Nehmen wir an, ein Ideal soll verwirklicht werden. Es wirkt äußerst faszinierend, wie es sich für Ideale gehört. Was das Schlimmste daran ist: Es scheint durchaus möglich und auch nicht sehr schwer zu sein, das Ideal zu verwirklichen. Vor allem auch diese Seite macht die Faszinationskraft der Ideale aus: Sie liegen in unerreichbarer Ferne, sind aber dem Anschein nach greifbar nah. Statt des Erfolges ist etwas Unerwünschtes der Lohn der Bemühung, nämlich die Erfahrung des Scheiterns, die allerdings nicht dem Ideal angelastet wird, sondern dem eigenen Unvermögen. Diese Mangelerfahrung stellt nun erneut den Nährboden dar, auf dem die Ideale prächtig gedeihen und ihre Faszinationskraft gewinnen. Um so leichter der Weg zu sein scheint, desto leichter werden die Ideale als verbindlich akzeptiert. Das Ganze beginnt von vorn. Die permanente Erfahrung der eigenen Unzulänglichkeit ist vorprogrammiert.

An einem Beispiel wollen wir dieses Dilemma genauer erläutern. Auf diesem Wege versuchen wir auch die folgenden Fragen zu beantworten: Was sind Ideale? Welche Funktionen erfüllen sie? Auf welche Weise wird das Realitätsprinzip außer Kraft gesetzt?

Als Beispiel kann uns das Getränk dienen, das der prominente Tennisspieler auf einem Plakat den Vorbeigehenden anpreist. Der Tennisspieler ist äußerst erfolgreich. Er steht im Mittelpunkt des öffentlichen Interesses. Wie man aus der Zeitung erfahren konnte, hat er selbstverständlich auch keinerlei Geldsorgen. Darüber hinaus wurde ihm der Ruhm nicht in den Schoß gelegt; er hat ihn durch hartes Training und in fairem Match auf dem Tennisplatz errungen. Durch das Plakat erhalten eine Fülle von Assoziationen ihren Spielraum. Denkbar ist eine Verbindung mit dem Duell auf der Straße vor dem Saloon, dem Westernhelden oder auch anderen Vor- und Nachbildern einer heroischen Existenz.

Durch das Plakat wird neben den genannten Assoziationen vor allem eine ganz bestimmte Assoziation nahegelegt: Die Verbindung des Stars mit dem Getränk, das ebenfalls auf dem Plakat abgebildet ist. Manch einer, von dem Vorbild angespornt, wird sich der Mühe unterziehen, fleißig auf dem Tennisplatz zu trainieren. Noch einfacher jedoch ist es, sich dieses Getränk zu besorgen. Die Illusion, dadurch dem Ideal näherzukommen, ist ganz im Sinne der Werbenden. Ebenso der Effekt, daß der Verbraucher dadurch tatsächlich keinen Schritt vorankommt. Er muß ständig am Ball bleiben, d. h. ständig konsumieren; es muß *sein* Getränk, muß *seine* Marke werden. Er kann auch andere Artikel verwenden, die ebenso wie das Getränk mit dem Tennisstar in einer festen, durch Werbung gefestigten Verbindung stehen, z. B. ein Konto bei *der* Bank eröffnen, für die auf einem anderen Plakat gelächelt wird.

Dagegen läßt sich einwenden, daß auf solche »Tricks« doch wohl nur Dumme hereinfallen. Dagegen spricht die Tatsache, daß Firmen viel Geld für die Werbung ausgeben, die sich anscheinend rentieren muß. Eine Wirkung wird dabei über das Unterbewußtsein erzielt, in dem wir Bilder von Glück und Erfolg gespeichert haben, die wir unbewußt realisieren möchten. Deshalb sind wir auf der unbewußten Ebene beeinflußbar, kaum jedoch über das klare, logische Bewußtsein.

Nur in den seltensten Fällen wird ein Kunde dem Fehlschluß aufsitzen, daß er durch das Getränk zum Tennisstar werden könnte. Naheliegend ist jedoch die Übertragung, d. h. die spontane Schlußfolgerung, daß das Getränk vergleichbare Qualitäten besitzt: Es ist wie der berühmte Tennisspieler ein Inbegriff der Vollkommenheit; es ist auf irgendeine nicht genauer zu erklärende Weise mit Idealen wie Glück, Erfolg und Reichtum verbunden. Nach dem gleichen Muster wird die Paradiesvorstellung in der Werbung verwendet, wenn z.B. eine Gruppe schlanker, braungebrannter, selbstverständlich gutgelaunter junger Menschen auf einer Südseeinsel unter Palmen ein Getränk, einen Schokoriegel oder ähnliches in den Zusammenhang paradiesischer Glücksvorstellungen stellt.

Noch einleuchtender für den Verlust des Realitätsprinzips, die Funktion und die Wirkungsweise der Ideale ist ein anderes Beispiel: das Schönheitsideal. Mag sein, daß die eine oder andere Frau oder dieser und jener Mann dem Schönheitsideal entsprechen, oder zumindest die Chance besitzen, es auf irgendeine Art und Weise zu erreichen. Der Normalfall jedoch ist, daß sie ihm nicht entsprechen, daß sie aber nach diesem Ideal beurteilt werden und sich auch selbst danach beurteilen. Colette Dowling[28] gibt in ihrem neuen Buch »Perfekte Frauen« folgende Zahl an:

»Rund 90 Prozent der Frauen leiden an dem Gefühl, nicht gut und schön genug zu sein, unabhängig davon, wie sie aussehen und wie erfolgreich sie im Beruf sind.« Diese Schätzung wird durch zahlreiche Interviews, psychotherapeutische Fallbeispiele und wissenschaftliche Untersuchungen belegt. Und nicht nur die Frauen, auch die Männer sind zusehends von dem Schönheitsideal betroffen. In einem alten Schlager konnte es noch heißen: »Ein Mann, der muß nicht immer schön sein, denn darauf kommt es gar nicht an.«

Wie Martin Ahrends[29] feststellt, hat sich hier einiges geändert. Beim Friseur werden nun auch dem Mann »die Haare nicht mehr nur geschnitten, es wird gekräuselt, getönt, geföhnt, gesträhnt, dauergewellt.« Auch für Männer gibt es inzwischen Kosmetikerinnen, Duftberater, Visagisten, Brillendesigner. Der Mann soll schön sein, ein Ideal, das der Modeindustrie und den vielen anderen Schönheitsbranchen zweistellige Wachstumsraten beschert.

So sehr sich auch die Schönheitsideale im Verlauf der Geschichte verändert haben, so sehr erhebt doch jedes Ideal erneut den absoluten Anspruch, daß nur dieses und kein anderes der Schönheit entspricht. Um als schön zu gelten, muß, um bei unserem Beispiel zu bleiben, ein bestimmtes Idealgewicht erreicht werden. Zeitschriften z. B. geben Tips, mit denen das Ziel erreicht werden kann. Tatsächlich haben die Zeitschriften kein Interesse daran, daß ihre Leser auch erfolgreich sind. Im Gegenteil: Die Leser sollen ja auch die nächste Ausgabe kaufen, in der in leicht variierter Form ein neuer vielversprechender Tip zu finden ist. In diesem Sinne, das gleiche gilt für die Werbestrategen, hat der Verlust des Realitätsprinzips auch durchaus Methode. Die besten Kunden sind die permanent Enttäuschten, die dem Ideal stets aufs neue gerecht werden wollen, aber nicht gerecht werden können. Sie haben bereits die zweiunddreißigste Schlankheitskur hinter sich – höchstwahrscheinlich mit dem Ergebnis, daß auf diese Art und Weise noch einige Pfunde Kummerspeck hinzugekommen sind. Es sind die Heilsprediger, die davon profitieren, nicht diejenigen, die den falschen Idealen hinterherjagen.

Dieser sinnlose Drang zur Perfektion, das Leid und die ungeheure Verschwendung der Kräfte lassen sich durchaus vermeiden, wenn man nur diese falschen Ideale genauer unter der Lupe betrachtet. Sind sie wirklich so ideal, so vollkommen, wie sie sich auf den ersten Blick darstellen?

Das Schönheitsideal behauptet in dem von uns gewählten Beispiel: »Schlank sein ist schön.« Für jeden soll diese Behauptung gelten. Gemeint ist eine gesellschaftliche Norm, die einen allgemeinen Geltungsanspruch erhebt und den Wertmaßstab der Individualität ausschließt. Die »Individualität«, vom Ideal aus gesehen, beruht einzig darin, wie weit jemand von dem Ideal entfernt ist. Es gibt nicht für eine Person das eine und für die andere ein anderes Schönheitsideal. Sinn und Zweck des Ideals ist die Normierung. So gesehen erweisen sich die Ideale als kaum noch erstrebenswert. Die Vorstellung, daß jeder, wie das Ideal es fordert, diesem tatsächlich auch gerecht werden würde, ist geradezu abschreckend. Auch hier würde sich eine paradiesische Langeweile einstellen.

Individualistischer dem Anschein nach ist das Schönheitsideal, das heutzutage bevorzugt wird. Demnach entspricht jeder einem bestimmten »Typ«. Den verschiedenen »Typen« entsprechend gilt durchaus sehr Unterschiedliches als schön.

Dem einen steht langes Haar, dem anderen ein kurzer Schopf gut zu Gesicht. Auch hier werden jedoch Standards gesetzt, die die Individualität grundsätzlich ausschließen. Der »Typ« zählt; damit werden die unterschiedlichsten Personen unter einem Begriff zusammengefaßt. Die ganze Angelegenheit wird nur noch etwas komplizierter. Man muß nun seinen »Typ« finden, dann die zu dem »Typ« passenden Accessoires. Dadurch wird das Ideal auch nicht richtiger. Wie jedes Ideal erfüllt auch das Schönheitsideal die Funktion der Normierung. Und die Normierung findet statt, nicht weil das Ideal verwirklicht wird, sondern sie liegt darin, daß alle oder zumindest neunzig Prozent diesem Ideal vergeblich hinterherlaufen.

Sinnvoller wäre es, diesen Kraftaufwand dafür einzusetzen, um die eigene, ganz persönliche Schönheit einmal kennenzulernen. Das ist der erste Schritt zu dem Ziel, sie schließlich auch akzeptieren zu können.

Colette Dowling stellt in ihrem Buch fest: »Was Frauen brauchen, ist ein gesundes Gefühl der Selbstliebe.« Auch ich möchte meine Leser ermutigen, sich so anzunehmen, wie sie bereits sind.

Wie bisher deutlich wurde, sind es die falschen Ideale, die in die entgegengesetzte Richtung führen: Hier wird ein unerreichbares Vorbild geliebt, bewundert und angestaunt; es bildet den Maßstab für das Selbst, das in diesem Licht betrachtet als unvollkommen, weder liebens- noch bewundernswert erscheint.

Auch die Selbstliebe kann zu einem Ideal werden, d. h. zu einem Ziel, das man als einen höchsten Wert erkannt hat und nach dessen Verwirklichung man strebt. Was unterscheidet dieses richtige Ideal von den falschen?

Bei den falschen Idealen wird, wie wir bereits feststellen konnten, der Wertmaßstab der Individualität außer Kraft gesetzt. Nur der Abstand von dem Ideal zählt. Es gibt hier anscheinend die folgenden Möglichkeiten: Jemand ist meilenweit vom Ideal entfernt, oder es wird annäherungsweise verwirklicht, oder jemand verkörpert ganz und gar das Vorbild. Daß dieser letzte Fall genaugenommen überhaupt nicht eintreten kann, soll nun im Anschluß erläutert werden. Dadurch wird ein weiterer Aspekt der falschen Ideale deutlich, nämlich, daß sie grundsätzlich mit dem Realitätsprinzip nicht vereinbar sind.

Bereits in der Philosophie Platons wurde eine solche Unvereinbarkeit festgestellt. In dieser Philosophie, die aus der griechischen Antike stammt, stehen die »Ideen« im Mittelpunkt. Es gibt verschiedene Ideen, u. a. auch die Idee der Schönheit. Nach Platons Ansicht existieren die Ideen in einem besonderen Reich. Dieses liegt wie auch das Paradies jenseits der Realität, die uns Menschen umgibt und bestimmt. Die Realität liefert lediglich kümmerliche Abbilder, einen kläglichen Abglanz von dem strahlenden Reich der Ideen, und sie wird den Ideen, den Urbildern, niemals vollkommen gerecht.

Entsprechendes gilt für falsche Ideale. Man wird zwar nicht behaupten, daß sie in einem Reich jenseits der Realität zu finden sind. Sie haben ihren diesseitigen Ort. Sie existieren in Spielfilmen, Fernsehsendungen, auf Plakaten, in den Romanen und den Nacht- und Tagträumen, kurz: in der Welt der Fiktion. Es sind Phantasieprodukte. Und wie für Platons »Ideen«, so gilt auch für diese »Ideale«, daß sie mit der Realität nicht zu vereinbaren sind. Nur in der Welt der Fiktion bleiben die Ideale auch das, was sie sind: Inbegriffe der Vollkommenheit. So gibt es genaugenommen niemanden, der in dieser Welt der Ideale tatsächlich zu Hause ist.

Dagegen wird man einwenden können, daß der zu Beginn dieses Kapitels erwähnte Tennisspieler doch durchaus diese Ideale verwirklicht. Diese Ansicht ist ein Irrtum. Der Star verwirklicht die Ideale nur in dem Sinne, daß all die kleinen »Fehler«, die ja unumgänglich sind, sorgfältig ausgeklammert bleiben. Der Tennisspieler wird als Star in Szene gesetzt. Wer kennt ihn aber wirklich, den Menschen, der dahintersteckt? Und wer wird dann noch sagen können, er sei tatsächlich ohne Makel? Und wenn er so erfolgreich und »glücklich« ist, wie sieht dann die Kehrseite der Medaille aus?

Das Ideal der Selbstliebe unterscheidet sich grundlegend von diesen falschen Idealen. Es ist tatsächlich erreichbar, denn es lenkt den Blick von der Welt der Fiktion auf die Realität – nicht umgekehrt. Es beansprucht weitaus weniger Energie, als wenn man die Realität an Maßstäben mißt, denen sie nicht gerechtwerden kann, aber stets gerecht werden soll. »Im Grunde weiß jeder Mensch recht wohl«, schrieb Nietzsche, »daß er nur einmal als ein Unikum auf der Welt ist, und daß kein noch so seltsamer Zufall zum zweiten Mal ein so wunderlich buntes Mancherlei zum Einerlei zusammenschütteln wird.« Schließlich bildet das gesunde Gefühl der Selbstliebe die Grundlage, auf der die falschen Ideale ihre Faszinationskraft verlieren, denn erst der Mangel an Selbstliebe führt dazu, daß die falschen Ideale ihre so erdrückende Bedeutung erhalten.

Nach dieser grundsätzlichen Erläuterung der richtigen und falschen Ideale wollen wir uns wieder dem Paradies zuwenden. Inwieweit gilt auch in diesem Fall das, was wir in bezug auf die falschen Ideale bereits feststellen konnten?

Im 3. Kapitel stellten wir bereits fest, daß die Paradiesgeschichte von einer elementaren Erfahrung zu berichten weiß, die auch heute noch aktuell ist, d. h. von dem Verlust und von der Sehnsucht nach dem verlorenen Paradies. Wir haben als Beispiele Werbeslogans, Urlaubsprospekte, Heiratsanzeigen und ähnliches angeführt, die die zentrale Bedeutung dieser Sehnsucht bestätigen können. Entsprechendes gilt für zahlreiche Sachbücher über das Thema Liebe; sie beabsichtigen und versprechen, den richtigen Weg zur Liebe darzustellen und den Leser ein Stück näher zu diesem verlockenden Ideal hinzuführen.

Eines dieser Sachbücher trägt den Titel: »Die Liebe«. Der Autor, Peter Lauster[30], gibt dem eigenen Bekunden nach Einblicke in eine psychische Befindlichkeit, die sehr weit verbreitet ist. Hintergrund des Buches ist ein reicher Erfahrungsschatz, und, wie der Erfolg des Buches zeigt, spricht der Autor durchaus auch das an, was viele Menschen im Innersten bewegt. Welchen Bedürfnissen und Wünschen wird das Buch gerecht? Welche Erfahrungen liegen dem Buch zugrunde?

Eine Antwort läßt sich aus dem Vorwort ableiten. Zunächst heißt es: »Ich stelle immer wieder fest, daß die Mehrzahl der Menschen in der Entfaltung ihrer Liebesfähigkeit gehemmt und blockiert werden.«

Verantwortlich für diese Blockade und Hemmung sind eine Reihe von Mythen, die Lauster in seinem Buch diskutiert; u.a. »Sexualität macht frei«, »Orgasmus ist das Ziel der Liebe« oder »Eifersucht gehört zur Liebe«. Diese Mythen sind für Lauster Irrtümer, die ausgeräumt werden müssen. »Wenn diese Mythen weggeräumt werden, von jedem einzelnen in seiner persönlichen Lebenssituation, dann wird das Richtige plötzlich sichtbar.«[31]

Das »Richtige« beschreibt Lauster wie folgt: »Das Leben ist sinnvoll, wenn die Liebe da ist, andernfalls ist das Leben voll Leid, Angst und Unsicherheit.«

Bereits in diesen kurzen Auszügen wird das Denkmuster, das dem Buch zugrundeliegt, sichtbar, ebenso die Wunschvorstellungen und Hoffnungen, denen dieses Buch Rechnung trägt. Lauster verspricht die Befreiung von Leid, Angst und Unsicherheit und knüpft damit vor allem an *eine* Erwartungshaltung seiner Leser an, die ungestillte Sehnsucht nach dem verlorenen Paradies, die nun zu ihrem Recht kommen soll. Versuchen wir, dem vorgezeichneten Weg ein Stück zu folgen, so stoßen wir sogleich auf die Hindernisse. Sie stellen unüberwindliche Hürden dar – wie die von Gott Jahwe eingesetzten Wächter, die Cherubim, mit dem flammenden Schwert, die eine Rückkehr ins Paradies verhindern.

Was ist die Liebe nach Lausters Ansicht? Liebe ist Zuwendung, d.h. »Aufmerksamkeit, Achtsamkeit und Wachheit gegenüber den anderen, aber nicht eine Wachsamkeit, um Fehler zu entdecken, sondern eine interessierte, positive, verständnisbereite Wachsamkeit.«[32] Diese Definition führt sogleich zur Problematik von Lausters Buch. Die neun Mythen, mit denen Lauster zu Beginn seines Buches äußerst kritisch umgeht, sollen eine geradezu selbstverständliche Geltung für die meisten Menschen besitzen. So wird vor allem der aufmerksame, achtsame und wache Mensch diesen Mythen in seiner persönlichen Lebenssituation unvermeidlich begegnen: Entweder in bezug auf sich selbst oder auch in bezug auf den anderen, den Partner, dem seine Zuwendung gilt. Wie soll er mit diesen Mythen umgehen, die sein eigenes und das Liebesleben der anderen Menschen prägen? In der Liebe ist ja ein Umgang mit sich selbst und mit dem anderen vorgeschrieben, der die kritische Wachsamkeit, um Fehler zu entdecken, ausschließt. Einerseits muß mit den Mythen, wie Lauster meint und in seinem Buch ja auch vorführt, aufgeräumt werden; andererseits ist gerade der Liebende von einem solchen kritischen und destruktiven Umgang weit entfernt. Seine Zuwendung ist, so Lauster, positiv, nicht negativ. Die Liebe und die radikale Beseitigung von Mythen schließen sich aus.

Das Dilemma liegt auf der Hand. Je mehr zutrifft, was Lauster in seinem Buch voraussetzt, daß diese Mythen die Liebesfähigkeit hemmen und blockieren, um so mehr wird auch der Liebende, der sich seinem Partner nur positiv zuwendet, gerade diese Hindernisse nicht beseitigen können. Der Liebende wird so nicht von Leid, Angst und Unsicherheit befreit. Er gerät vielmehr in die Zwickmühle zwischen dem Ideal, das verwirklicht werden soll, und einem Weg zu diesem Ideal hin, der ihm »verboten« ist, nämlich der Weg der negativen Zuwendung, die *die* Irrtümer und Mythen beseitigt, welche die Liebesfähigkeit hemmen und blockieren. So werden Leid, Unsicherheit und Angst nicht abgeschafft; sie sind vielmehr die unausweichliche Folge.

An einem Beispiel soll dieses Dilemma genauer erläutert werden. Einer der Mythen, die Lauster im ersten Teil seines Buches kritisiert, lautet: »Eifersucht gehört zur Liebe.« Lauster führt die Eifersucht auf zwei Motive zurück, auf die »Angst, nicht genügend geliebt zu werden, und das Bedürfnis, das Liebesobjekt besitzen zu wollen wie einen materiellen Gegenstand.«[33] Welchen Rat gibt Lauster seinen Lesern, um diese Eifersucht zu überwinden? Die Antwort ist einfach: »Konzentrieren Sie sich auf Ihre Liebe und nur auf sie.«[34]

So einfach wie die Antwort, so einfach stellt Lauster auch die menschliche Psyche dar. Angst vor dem Alleinsein und das Besitzenwollen sind zwar »tief verwurzelt« im Seelenleben des Menschen, aber: »Wir werfen sie kurzerhand aus unserem Denken hinaus und konzentrieren uns auf die Liebe!«[35] Wer sich einmal bemüht hat, eine tief verwurzelte Einstellung

aufzugeben und sich eine »bessere« zu eigen zu machen, wird auch die Grenzen einer solchen Bemühung kennen. Die Eifersucht gehört durchaus zur Liebe, wenn man sich die Liebe ansieht, wie sie in den meisten Fällen erlebt wird. Die Eifersucht existiert, nur man möchte sie auch loswerden. Das Ideal ist die Liebe ohne Eifersucht. Nur die Wirklichkeit will sich dem Ideal nicht fügen. Daß genau dieses Dilemma das eigentliche Problem darstellt, sagt Lauster auch selbst:
»Wir halten die Eifersucht für eine Begleiterscheinung der Liebe, mit der man sich abzufinden hat, aber mit der man auch fertigwerden möchte.«[36] So besteht durchaus der Wunsch, die Eifersucht loszuwerden, und dementsprechend auch die Vorstellung, daß zumindest unter »idealen« Bedingungen eine eifersuchtlose Liebe möglich sein könnte. Genau diesem Wunsch wird Lauster gerecht, wenn er nun eigentlich nichts Neues sagt, sondern den Leser in seinem Wunschdenken noch bestärkt, ja einen äußerst einfachen Weg angibt, der eine Befreiung von der Eifersucht ermöglichen soll.

Nicht nur Lauster, sondern ein Heer von Autoren verspricht, die Betroffenen, die sich durch ihre Eifersucht als »krank« oder auch liebesunfähig empfinden, zu heilen. In all diesen Büchern wird uns vorgehalten, daß die Eifersucht Zeichen einer unreifen Persönlichkeit sei, von der sich die Betroffenen zu befreien hätten. Und nicht nur die Eifersucht steht auf der Liste der »verbotenen« Gefühle, sondern auch:
- Du sollst nicht abhängig sein.
- Du sollst keine Besitzansprüche stellen.
- Du sollst dich nicht an den Partner klammern.
- Du sollst nicht zu sehr lieben.

Diese »Gesetzestafel« ist bestens dazu geeignet, jegliche Liebe abzutöten. Eifersucht, Besitzstreben, Abhängigkeit – das alles gehört auch zur Liebe, insofern sich darin Spannungszustände äußern, die für den Bestand von Partnerschaften erforderlich und wichtig sind. Zur Liebe gehört auch Leid, Sehnsucht und Unerfülltheit, Eifersucht und Besitzstreben, weil sie nur so zu erleben, zu verstehen und zu genießen ist. Eine Aussage wie »Wir verstehen uns blind« ist etwas Grauenhaftes. Auf der gleichen Skala rangieren Aussagen wie

»Wir streiten nie«, »Wir sind immer füreinander da«, »Wir wollen uns nicht besitzen«, usw. Liebe bedeutet: Trotz Eifersucht, Abhängigkeit und Besitzstreben glücklich miteinander zu sein und zu bleiben.

Wir wollen an zwei weiteren Punkten sehen, wie weit dem Liebesbegriff von Lauster die Paradiesvorstellung zugrundeliegt. Das versetzt uns in die Lage, das Ideal genauer zu bestimmen. Es läßt uns auch deutlicher erkennen, daß dieses Ideal der Liebe wie alle falschen Ideale in die Irre leitet. Die »Liebe« schließt nach Lausters Ansicht die Eifersucht aus. Das ist nur ein Aspekt, der allein gesehen nicht unbedingt etwas mit dem Paradies zu tun haben muß. Gibt es andere Merkmale, die noch deutlicher auf das Paradies verweisen?

Für Lauster ist die liebende Zuwendung nicht auf einen Menschen fixiert: »Die Einstellung der Zuwendung bezieht sich (...) auch auf die Bäume, das Wetter, die Vögel, die Wolken am Himmel, das Gespräch mit Menschen, Musik, Licht und Schatten, Wind, Gerüche in der Luft – alles, was im Moment geschieht.«[37]

Lauster gibt mit seiner Aufzählung einen bestimmten Ausschnitt von dem, was alles im Moment geschehen könnte. Zunächst ist ein Naturerlebnis gemeint: Vögel, Bäume, Wolken am Himmel, also nicht die Begegnung mit Straßen, Wohnsilos, Staus auf der Autobahn. Was hier alles sorgfältig und ohne es weiter zu hinterfragen ausgeklammert wird, ist die Schattenseite des Lebens, der der Mensch selbstverständlich auch ausgesetzt ist und in bezug auf die liebende Zuwendung im Sinne Lausters schnell an seine Grenzen stößt.

Deutlich wird an der Aufzählung von Lauster auch, was hier als Vorbild dient. Es ist die Feierabendidylle, der Ferienaufenthalt – natürlich vorausgesetzt, daß er gelingt – oder auch das harmonische Gespräch bei Musik. Vielleicht gehören für den einen oder anderen Leser auch noch Kerzenschein, Kaminfeuer, ein Glas guter Wein, Sonnenuntergang oder ähnliches dazu. In dieser weiteren Ausmalung werden auch die Grenzen dieser Vorstellung deutlich. Lauster verspricht das Paradies auf Erden. Bei aller Kritik an den Mythen und Irrtümern entsteht hier der neue Mythos, der

Mythos der Liebe, von dem schon die Genesis zu berichten wußte.

Auch hier lohnt sich ein Blick in die Literatur des 18. Jahrhunderts. Er zeigt, daß der von Lauster gemeinte Wunschtraum so neu nicht ist, ja, daß sich bestimmte Vorstellungen und Schilderungen von Empfindungen bis in die Details auf geradezu verblüffende Weise gehalten haben. Lauster[38] führt zur Veranschaulichung der von ihm gemeinten liebevollen Zuwendung den Bericht eines Studenten an; dort heißt es:

»Es war ein Sommertag Ende August. Als ich aus dem Haus trat, empfand ich alles besonders intensiv. Die Sonne schien (...). Der Wind war warm und er wehte mein Haar zurück. Das Glücksgefühl verstärkte sich. (...) Alle Sinne waren offen. Ich spürte den Wind auf der Haut, die Sonne schien mir in die Augen (...). Ich fühlte mich ganz da, ich schmeckte die Luft, unheimlich nah an der Realität. (...) Die Vögel zwitscherten, Bienen summten, die Wolken zogen in dicken weißen Klumpen über den Himmel. Das Gras duftete. Was war mit mir los? Ich fühlte mich wie verliebt. Ich war ganz offen für alles, was um mich herum geschah. (...) Ich fühlte mich mit der Welt, dem Kosmos und mir total verbunden (...).«

Es ist naheliegend zu fragen, ob der Student vorher ein bestimmtes Buch gelesen hat, oder ob sich auch unabhängig davon solche Erlebnisweisen wiederholen; gemeint ist hier Goethes Roman »Die Leiden des jungen Werther«. In diesem Roman wird das entsprechende Naturerlebnis dargestellt, das nicht davor geschützt ist, in das krasse Gegenteil umzuschlagen. So schreibt der Held von Goethes Roman:

»Das volle, warme Gefühl meines Herzens an der lebendigen Natur, das mich mit so vieler Wonne überströmte, das ringsumher die Welt mir zu einem Paradiese schuf, wird mir jetzt zu einem unerträglichen Peiniger (...). Wenn ich die Vögel um mich den Wald beleben hörte, und die Millionen Mükkenschwärme im letzten roten Strahle der Sonne mutig tanzten (...): wie faßte ich das alles in mein warmes Herz (...). Es hat sich vor meiner Seele wie ein Vorhang geöffnet, und der Schauplatz des unendlichen Lebens verwandelt sich vor mir in den Abgrund des ewig offenen Grabes. (...) Der harmloseste Spaziergang kostet tausend armen Würmchen das Leben, es zerrüttet ein Fußtritt die mühseligen Gebäude der Ameisen und stampft eine kleine Welt in ein schmähliches Grab. (...) Und so taumle ich beängstigt! Himmel und Erde und ihre webenden Kräfte umher: Ich sehe nichts, als ein ewig verschlingendes, ewig wiederkäuendes Ungeheuer.«[39]

Lauster, der sein Buch als beratender Psychologe schreibt, zitiert in seinem Buch über die Liebe den Bericht des Studenten ohne einen Kommentar, einen Ratschlag oder ähnliches hinzuzufügen. Aus seinen Ausführungen über die Liebe wird deutlich, daß es in diesem Falle auch nichts zu kommentieren gibt. Der Student hat erreicht, was nach Lausters Ansicht jeder erreichen sollte: er hat den Weg zur Liebe gefunden. Wie dem Studenten, so würde Lauster auch dem jungen Werther keinen Rat geben wollen. Hier mündet das paradiesische Erlebnis jedoch mit gnadenloser Konsequenz in der genau entgegengesetzten, aufs äußerste disharmonischen Erlebnisweise. Dieses Umschlagen des intensiven Glücksgefühls in das ebenso intensive Nichtigkeitserlebnis ist die realistische, kritische Antwort, die der Roman in bezug auf die empfindsame Liebeskonzeption seinen Lesern gibt. Lauster beläßt seine Leser in dem Glauben, daß das eine auch ohne das andere möglich sei.

Um die Darstellung von Lausters Ideal einer paradiesischen Liebe abzurunden, soll noch ein letzter Aspekt angesprochen werden: Der Stellenwert der Sexualität.

Mit dem äußerst weitgefaßten Begriff der »Liebesfähigkeit« macht Lauster keinerlei Unterschied zwischen dem engsten Vertrauten, irgendeinem Menschen, dem man auf der Straße begegnet, und schließlich den Blumen, Bäumen und Vögeln. Allen soll die gleiche positive Zuwendung gelten. Ein sehr intimes, sehr vertrautes und sehr persönliches Verhältnis ist hier nicht vorgesehen. Von diesem Liebesbegriff aus gesehen ist es geradezu selbstverständlich, daß die Eifersucht nicht dazu gehört. Es wird ja alles geliebt, nicht eine Person in einem exklusiven und besonders intensiven Sinne. Man könnte auch sagen: Es wird alles, also nichts geliebt.

Auch die anderen Mythen und Irrtümer, die Lauster kritisiert, gehören selbstverständlich nicht zu diesem Liebesbegriff. Die von Lauster gemeinte Liebe beinhaltet überhaupt kein sexuelles Begehren; dementsprechend ist es tautologisch, daß auch der folgende Satz als ein Mythos eingestuft wird: »Der Orgasmus ist das Ziel der Liebe.« Es wäre absurd, wenn die von Lauster gemeinte Liebe auch noch den Orgasmus als Ziel haben sollte, ist hier doch eine Form positiver Zuwendung gemeint, die die gesamte Außenwelt inklusive der Vögel und Bäume einschließen soll.

An der folgenden Stelle wird deutlich, daß es sich bei der »Liebe«, wie sie Lauster definiert, um ein regressives Ideal handelt: »Die Liebe des Kindes zu Tieren, Blumen, sich selbst und den Mitmenschen ist absolut unsexuell, weil sie keine sexuelle Befriedigung erwartet. (...) Ich glaube, es wird jetzt verständlich, daß die Ausprägung der Liebesfähigkeit schon voll entwickelt sein sollte, wenn die Geschlechtsreife einsetzt.«[40]

Diese kindliche Liebesfähigkeit soll der Erwachsene, so Lausters Konzept, wiedergewinnen. Die Paradiesgeschichte erzählt, daß diese Liebesfähigkeit mit dem Sündenfall unwiderruflich verloren wurde. Mit der Geschlechtsreife entsteht etwas qualitativ Neues, eine Form der Liebe, die an die Sexualität und die Selbstbestimmung unauflöslich geknüpft ist, und die sich nicht mit einem Rückgriff auf die kindliche Liebesfähigkeit bewältigen läßt. Die kindliche Liebesfähigkeit hat ganz andere Voraussetzungen, Probleme und Möglichkeiten der Erfüllung. Sie liegen jenseits von Scham, Schwangerschaft und Arbeit, all dem, was das Leben der Erwachsenen ausmacht.

Lausters Liebesauffassung ist bestens dazu geeignet, die Diskrepanz zwischen Ideal und Wirklichkeit zu verstärken. Mir scheint ein anderer Weg weitaus besser geeignet, um das Maß an Glückserfahrung, das dem Menschen möglich ist, auch voll auszuschöpfen. Dabei will ich mich nicht auf die entgegengesetzte Seite stellen und behaupten, der Mensch solle sich mit Leid, Unsicherheit und Angst abfinden. Ich möchte vielmehr die Einsicht vermitteln, daß beide Seiten, die positive und die negative, einander bedingen, und die eine nicht ohne die andere zu haben ist. Erst diese Einsicht wird dazu führen, daß auch die negative Seite akzeptiert wird und daß nicht unnötig Leid, Angst und Unsicherheit entstehen, die allein darin ihre Ursache haben, daß man die Wirklichkeit an Maßstäben mißt, denen sie nicht gerecht werden kann. Mit dieser »sowohl als auch«-Einstellung werden wir uns im nächsten Kapitel noch genauer befassen.

Erst die Mangelerfahrung ermöglicht die Befriedigung, der Konflikt das Erlebnis der Verständigung, die Spannung das Gefühl der Entspannung. Es handelt sich um ein Wechselverhältnis, das jede isolierte Betrachtung und auch jede einseitige Ausrichtung in den persönlichen Lebensverhältnissen ausschließt. Wie derjenige, dessen Leben nur von Angst, Leid und Unsicherheit bestimmt ist, so wird auch derjenige, der das Ideal eines angstfreien, leidlosen und von Unsicherheit befreiten Lebens verwirklicht oder verwirklichen will, in seiner Empfindungs- und Liebesfähigkeit verhärten und abstumpfen. Das Resultat ist hier bestenfalls ein neurotischer Verdrängungsmechanismus, der nur die positive Zuwendung gelten läßt und ständig, aber vergeblich alles Negative zu beseitigen bemüht ist. Das Ergebnis ist schlimmstenfalls die psychotische Erkrankung, die die vollständige Abkapselung bedeutet.

Die Kräfte des Lebens und der Liebe

Ideale sind, wie wir gesehen haben, ein Postulat, eine Forderung an uns, dieses oder jenes anzustreben, uns so oder so zu verhalten usw. Sie haben zwar die Funktion als Vor-Bilder, um danach die Einstellung und das Verhalten auszurichten und zu normen, sind zur Erklärung des menschlichen Lebens jedoch nicht tauglich. Und für eine befriedigende Partnerschaft sind sie eher hinderlich, weil der stets erlebte große Abstand zum idealen Endziel frustrierend statt motivierend wirkt.

Der Nachteil von Idealen ist: sie sind einseitig. Es gibt nur das Ziel und den Weg dorthin. Das Ziel lautet immer, sich zu entwickeln und besser zu werden; d. h. vom Niederen, Dunklen, Bösen, Häßlichen und Unvollkommenen zum Hehren, Hellen, Guten, Schönen und Vollkommenen zu gelangen.

Diese »ideale Sicht« der menschlichen Existenz begegnet uns in der christlichen Morallehre, nach der der Sinn des Lebens darin besteht, uns vom Makel der Erbsünde zu befreien und durch gute Taten und ein gottesfürchtiges Leben auf Erden das »ewige Leben« zu erlangen. Auf dem Weg dorthin wird dem Menschen geraten, sich zu entspannen; d. h. nicht besitzen zu wollen, nicht abhängig zu sein von materiellen Dingen, keine Eifersucht zu empfinden, nicht übelzunehmen, sondern dem Mitmenschen statt dessen die Wange hinzuhalten.

Gerade weil wir aus dem Paradies vertriebene Menschen sind, müssen wir mit dieser idealen Wegweisung scheitern, die die Grundtendenz unseres Lebens verkennt, welches nicht als Weg zu einem idealen Ziel zu verstehen ist, sondern als Spannungsfeld, zwischen dessen Polen sich unsere Existenz abspielt. Als gefallene Engel und sündige Menschen bewegen wir uns immer im Spannungsfeld zwischen »gut« und »böse«. Zwischen den beiden Polen dieses Spannungsfeldes besteht insofern eine Wechselwirkung, als der eine Pol nur in

Verbindung mit dem anderen zu verstehen ist. Für die Wechselwirkung zwischen »gut« und »böse« bedeutet dies, daß »gut« immer nur in Abhebung von »böse« zu verstehen ist. Es gibt in diesem polaren Spannungsfeld des Lebens also kein »entweder-oder«, sondern nur ein »sowohl-als-auch«. Nach *dieser* Deutung ist in jedem grundsätzlich immer Gut *und* Böse, Lust *und* Unlust, männlich *und* weiblich enthalten. Dieses Spannungssystem existiert jedoch nicht nur ständig in mir als Einzelwesen, sondern in gleicher Weise auch zwischen zwei Menschen, ja selbst in Gemeinwesen, wenn z. B. von sozialen Spannungen zwischen Arbeitgebern und Arbeitnehmern gesprochen wird.

In der chinesischen Philosophie werden die beiden Ur-Prinzipien, zwischen denen eine dynamische Interaktion besteht, als »Yin« und »Yang« bezeichnet, wobei »Yin« für »weiblich« und »Yang« für »männlich« steht. Mit dem Fall der Menschheit aus dem Zustand der Unschuld beginnt die Entwicklungsgeschichte des menschlichen Bewußtseins – und damit auch der Sexualität –, das sich in die Polarität »männlich« und »weiblich« trennt. Im goldenen Zeitalter oder Paradies war das noch anders. Da befanden sich Adam und Eva im Zustand der Unschuld, der sie zwar ihren biologischen Unterschied erkennen ließ, ohne daß sich der als sexuelle Polarität in ihrem Bewußtsein niederschlug. Erst mit dem Sündenfall änderte sich das. Plötzlich erkannten sie, daß sie nackt waren. Und damit war die Spannung zwischen »männlich« und »weiblich« in ihre Welt gekommen, die vorher so spannungslos und »harmonisch« war, weil »Yin« und »Yang« noch undifferenziert waren. In dem folgenden Text von Chuang-tzu, einem Taoisten, der wahrscheinlich während des 3. und 4. Jahrhunderts v. Chr. lebte, wird dieser »paradiesische Zustand« sehr plastisch beschrieben.

»In jenen Tagen, als die natürlichen Instinkte vorherrschten, hatten die Menschen ruhige Bewegungen und einen festen Blick. Zu dieser Zeit gab es keine Straßen über die Berge, keine Schiffe und keine Brücken über das Wasser. Alle Dinge wurden hervorgebracht, jedes für seinen ihm gemäßen Bereich. Vögel und wilde Tiere vermehrten sich; Bäume und Büsche gediehen. Die wilden Tiere ließen sich noch an der Hand führen, man konnte auf Bäume klettern und den Raben ins Nest schauen. Denn damals lebten die Menschen mit den Vögeln und Tieren zusammen, und die ganze Schöpfung war eins. Es gab nicht den Unterschied zwischen guten und bösen Menschen. Alle waren gleichermaßen ohne Wissen, und so konnte ihre Tugend nicht irregehen. Da sie alle gleichermaßen frei von Begierden waren, waren sie im Stande natürlicher Integrität, der Vollkommenheit menschlicher Existenz.«

Die Geburt des Bewußtseins, mit der Trennung in »männlich« und »weiblich«, ist der Fluch der Menschheit, aber auch ein Sieg. Im Paradies waren Frieden und natürliche Ordnung möglich, weil es kein Bewußtsein gab. Mit dem Sündenfall beginnt der qualvolle Kampf um Bewußtwerdung und Verstehen in einer Welt von Gut und Böse.

Nach Ansicht der chinesischen Philosophen stellt »Yin« und »Yang« die Ur-Polarität dar, von der sich alle weiteren Polaritäten ableiten. »Yin« und »Yang« sind in allen Dingen enthalten und können niemals getrennt werden, da das »Eine« immer den Keim seines Gegenpols enthält. Für das Spannungsfeld zwischen diesen beiden Prinzipien gilt also nicht ein »entweder-oder«-Gesetz, sondern ein »sowohl-als-auch«. Die besondere Art der Verbundenheit und des Zusammenwirkens dieser beiden Polaritäten wird durch den Yin-Yang-Kreis so symbolisiert:

Ein Beispiel für das Zusammenwirken scheinbar polarer Gegensätze ist die Muskelspannung. Das gesamte Muskelsystem mit seinen motorischen Nerven funktioniert in Wechselwirkung von Spannung und Entspannung. Während wir sitzen, sind bestimmte Muskeln gespannt und andere entspannt. Stehen wir auf und gehen umher, so kontrahieren bestimmte Muskelpartien, während andere, die vorher gespannt waren, entspannen. Die Muskeln brauchen dieses Wechselspiel von Spannung und Entspannung, um funktionsfähig zu bleiben. Wann immer dieses Muskelspiel nicht stattfinden kann, erschlafft der Muskel. Diese Erfahrung hat jeder gemacht, dessen Bein z. B. nach einem Unfall längere Zeit in Gips lag. Hier verringert sich in solchen Fällen nicht nur die Muskelsubstanz, die das Bein dünner werden läßt, sondern die erschlafften Muskeln müssen auch erst wieder funktionsfähig gemacht, d. h, das Laufen muß neu gelernt werden.

Das Beispiel der Muskelspannung führt uns zur ersten Erkenntnis über ein polares Spannungsfeld: es ist notwendig für die Bestimmung von Leben. Das wird am elektrischen System unseres Gehirns besonders deutlich. Im Zustand höchster Lust, beim Orgasmus, steht unser Gehirn unter Hochspannung, während normaler Tätigkeit am Tage herrscht Spannung und im Tiefschlaf die größte Entspannung. Die Funktion unseres Gehirns, das nach dem polaren System von Spannung und Entspannung arbeitet, ist seit langem wissenschaftlich belegt, weil sich die Spannungszustände in den verschiedenen Lebenssituationen messen lassen. Festzuhalten bleibt: Leben bestimmt sich aus dem Verhältnis von Spannung und Entspannung. Der Sinn des Lebens besteht darin, in diesem Spannungsfeld das richtige Verhältnis zwischen Spannung und Entspannung zu finden.

Wir erwähnten eingangs bereits, daß die christliche Lehre von anderen Voraussetzungen ausgeht. Der mit der Erbsünde belastete Mensch soll sich auf Erden und durch sein Leben läutern, um Gott wohlgefällig zu werden und sich ihm anzunähern. Als Ziel und Lohn für solche Mühen winkt das Paradies, in dem der Mensch nach seiner Erdenwanderung wieder mit Gott vereint sein wird. Den Weg dorthin ebnen dem Menschen gute Taten und ein gottgefälliges Leben, das sich nach den Maximen der göttlichen (Zehn) Gebote richtet.

Die Freudsche Trieblehre hat viel mit der christlichen Ethik gemeinsam. Was in der Kirche »die Sünde« ist, heißt bei Freud »Es«, in dem alle triebhaften Impulse des Menschen angelegt sind. Nach Freud besteht der Auftrag und das Ziel des Menschen in der Umorganisation von Es-Impulsen in sozial wertvolle, d. h. von der Gemeinschaft geschätzte Motive. Dafür verwendet Freud den Begriff »Sublimierung«. Durch sie soll es dem Menschen gelingen, seine triebhaften Es-Impulse zu bändigen und in den Griff zu bekommen.

Christliche Ethik oder Freudsche Libidotheorie – beiden gemeinsam ist die Empfehlung und Wegweisung, von der »Spannung« zur »Entspannung« zu gelangen. Diese Sicht des menschlichen Auftrags verkennt jedoch die Existenz polarer Gegensätze, zwischen denen ein Spannungsfeld insofern besteht, als z. B. Gut und Böse keine Antithesen sind, sondern im Wechselspiel funktionieren, weil das eine nicht ohne das andere sein kann. Als wahre Kraft des Lebens ist die Spannung anzusehen, die in der chinesischen Philosophie dem »Yang«, also dem männlichen Bewußtsein zugeordnet wird. Spannung-Entspannung, männlich-weiblich: in diesem polaren Spannungsfeld liegen die Wurzeln unseres gesamten Lebens.

Wer dieser Betrachtungsweise nahekommt, ist Max Lüscher, der den Sinn des Lebens nicht in einer Fortentwicklung von Böse nach Gut, bzw. von Spannung zu Entspannung sieht, sondern sagt[41]: »Der eigentliche Sinn allen zweckhaften Tuns ist die Harmonie.« Harmonie ist für Lüscher aber kein passiver Zustand. »Sie ist nicht das, was viele meinen, eine gleichgültige Friedfertigkeit. Harmonie ist, was das entsprechende deutsche Wort ›Gefüge‹ deutlich macht: ein ordnendes Zusammenfügen von Gegensätzlichem. So besteht z. B. die Harmonie eines Bildes im Gefüge von spannungserzeugenden, gegensätzlichen Formen und Farben, von hell und dunkel, von Vordergrund und Hintergrund.«[42]

Damit spricht Lüscher das an, was ich als polares Spannungsfeld bezeichne, in dem sich Spannung und Entspannung, Gut und Böse, männlich und weiblich bedingen. Andererseits spricht Lüscher von den vier sogenannten normalen

Selbstgefühlen: der Zufriedenheit, der Selbstachtung, des Selbstvertrauens und der inneren Freiheit, wozu er ausführt: »Befindet sich ein Selbstgefühl nicht im Gleichgewicht, dann spaltet es sich in einen Pluspol und einen Minuspol« – und damit kann Lüscher doch wohl nur meinen, daß die innere Harmonie im Mittelpunkt des Systems zu suchen ist. Und genau dem möchte ich hier widersprechen, weil ich, wie die chinesischen Philosophen, der Ansicht bin, daß jeder seine eigene Harmonie irgendwo im Feld zwischen Spannung und Entspannung, männlich und weiblich, gut und böse, glücklich und unglücklich finden muß. Das gilt auch für die von Lüscher beschriebenen vier »normalen Selbstgefühle«, zu deren Harmonie *er* jedoch ausführt[43]: »Wenn das Ich aber schlecht programmiert ist, mißlingt es ihr [der Seele], ein harmonisches Gleichgewicht zur Umwelt zu finden. Dann versucht sie, anstelle des mißlungenen Gleichgewichts mit der Umwelt wenigstens ein künstliches, kompensiertes ›Gleichgewicht‹ im Ich zu erreichen: Es ist das Hochspannungsgleichgewicht zwischen den beiden gegensätzlichen Ich-Polen – der Selbstüberbewertung und der gleichzeitigen Selbstunterbewertung.« D.h. für Lüscher ist Harmonie, die nicht in der Mitte des Spannungsfeldes liegt, eben keine Harmonie.

Das wird noch deutlicher, wenn er weiter ausführt: »Wenn die Seele in der Umweltbeziehung kein harmonisches Gleichgewicht finden kann, dann weicht sie auf das Nächstliegende aus, auf das Ich, um ein kompensatorisches Gleichgewichtsverhältnis zu konstruieren. Dabei spaltet sich das Ich in zwei Pole. Beide Pole sind wie bei einem Magneten genau gleich stark. Als Plus- und Minuspol sind sie aber gegensätzlich. Der Pluspol ist das akzeptierte bewußte Ich-Bild, der Minuspol ist das verleugnete und unbewußte Gegenbild.«[44]

Was Lüscher hier negativ beurteilt, ist – wie ich bereits darlegte – das Natürliche, entsprechend dem sich das Ich-Bild immer im Spannungsfeld von »Yin« und »Yang«, von weiblich und männlich bewegt, die allerdings nicht gegensätzlich sind, wie Lüscher meint, sondern in Interaktion zueinander stehen.

Das Spannungsfeld bewirkt, daß sich unsere Befindlichkeit

stets, zu jeder Zeit und in jeder Situation, als Verhältnis von Spannung zu Entspannung bestimmen läßt. Ob im Wach- oder im Schlafzustand: stets ist unsere Befindlichkeit das Produkt innerer und äußerer Reize; wir sind entspannt oder gereizt, schlafen ruhig oder unruhig. Und wenn sich die Reize verändern, kann sich unsere Befindlichkeit von einer Sekunde zur anderen verändern. Wüßten wir mehr von diesem Spannungssystem, dem wir unterliegen, und mit dem wir zu leben haben, würden wir besser mit uns und anderen leben, statt – wie das oft zu beobachten ist – mit allen Mitteln gegen uns und andere ankämpfen. Unsere Befindlichkeit bestimmt nicht nur unser Empfinden, sondern auch unser Handeln. Sind wir gereizt oder empfinden wir Antipathie, reagieren und handeln wir anders als im Zustand und aus dem Gefühl der Entspannung oder Sympathie.

Verschieben läßt sich die einmal »eingestellte« Befindlichkeit oder Harmonie zwischen den Polen von Spannung und Entspannung auf künstliche Weise nur bedingt und vorübergehend, und auch das nur auf Kosten der physisch-psychischen Gesundheit. Wer beruhigende Medikamente oder Drogen nimmt weiß, daß sich der alte Zustand der Unruhe und Gespanntheit schnell wieder einstellt, wenn die Wirkung des Medikaments bzw. der Droge nachläßt.

Im Bereich des Physischen gilt als Gesetz des polaren Spannungsfeldes: Spannung und Entspannung sind einander direkt proportional; d. h. je größer die Spannung, desto größer die Entspannung. Diese Erkenntnis nutzen die sog. isometrischen Entspannungsübungen, bei denen die Muskelspannung bewußt eingesetzt wird, um eine möglichst intensive Entspannung zu erzielen. Diese Entspannungsmethode macht sich das Wechselspiel der Muskeln zunutze, die bewußt und unbewußt stets nach dem Prinzip von »Spannung« und »Entspannung« arbeiten; d. h. es werden bei den isometrischen Entspannungsübungen in bestimmter Reihenfolge alle Muskeln des menschlichen Körpers, vom Kopf bis zu den Zehen, gezielt angespannt, einige Sekunden in diesem Spannungszustand gehalten und danach bewußt entspannt.

Welche Bedeutung das Wechselspiel zwischen Spannung

und Entspannung für die Gesundheit besitzt, zeigt das Beispiel von Neurotikern, deren Krankheit auf Situationen zurückgeht, in denen dem Organismus die Verarbeitung der auftretenden Affekte mißlang. Das gilt insbesondere für die »Psychoneurosen«, zu denen Hysterie, Phobie und Zwangsneurosen gerechnet werden, deren Symptome, wie Peter R. Hofstätter[45] ausführt, »sich als Versuch zur Herstellung eines Kompromisses in einer Situation des Konflikts zwischen Appetenz und Aversion verstehen lassen.«

Mit »Appetenz« und »Aversion« ist hier der polare Gegensatz von »Anziehung« und »Abstoßung« angesprochen. Sigmund Freud[46] gibt dazu in einer seiner letzten Schriften eine nähere Erklärung, wenn er zum allgemeinen Charakter der Psychoneurosen ausführt, »daß in bezug auf ein bestimmtes Verhalten zwei verschiedene Einstellungen im Seelenleben der Person bestehen, einander entgegengesetzte und unabhängig voneinander, (deren) eine dem Ich angehört, die gegensätzliche als verdrängt dem Es.«

In Konfliktsituationen dieser Art, die auf eine Störung des Spannungsfeldes im Menschen zurückgehen, kommt es fast immer zu intensiven Angsterlebnissen. Die Störung zeigt sich bei den »Aktualneurosen« oder »vegetativen Neurosen«, zu denen die Schreckneurose, die Neurasthenie und die Angstneurose gehören, meßbar vor allem im körperureigensten polaren Spannungssystem, dem vegetativen Nervensystem. Darauf werden wir noch näher eingehen.

Ein weiteres eindrucksvolles Beispiel für die Funktion und Wirkungsweise des polaren Systems ist das Krankheitsbild des manisch-depressiven Menschen, der in seinem Empfinden häufig und plötzlich von »himmelhoch jauchzend« zu »zu Tode betrübt« wechselt. Auch in diesem Fall funktioniert das »sowohl-als-auch«-Prinzip nicht mehr, denn für den Manisch-Depressiven gibt es nur ein »entweder-oder«. Dies äußert sich bei der Manie in einem abnormen Bestätigungsdrang, ununterbrochenem Redefluß und beschleunigtem, rasch wechselndem Vorstellungsverlauf und bei der depressiven Verstimmung, der Melancholie, in pessimistischen Lebenserwartungen, Selbstvorwürfen, Verzweiflungsgefühlen,

Impulsen zum Selbstmord sowie einer Hemmung des Denkens, Sprechens und Handelns. Leider läßt sich dieses Krankheitsbild bisher nur beschreiben und als Beispiel für die Folgen eines Nicht-mehr-Funktionierens des polaren Systems von Spannung und Entspannung anführen, nach dem Gesundheit sich als Harmonie zwischen den Polen darstellt. Eine Erklärung für die Dysfunktion gibt es bisher nicht. Kehren wir zurück: ob Skelettspannung, Muskelspannung, Geistesspannung oder soziale Spannungen – stets ist Spannung der Aktivator der gesamten menschlichen Existenz, und damit auch der Liebe. Nur aus Spannung heraus sind wir lebensfähig; dauernde Entspannung ist tödlich. Spannung heißt Erregung, führt zu Handeln und zum Wagen und riskiert Tabuverletzungen.

Nur Spannung bringt uns dazu, neue Erfahrungen zu machen und uns fortzuentwickeln. Jede Leistung basiert auf dem Wechsel von »Spannung« und »Entspannung« und setzt diese Gegensätzlichkeit voraus. Ob auf geistigem oder sportlichem Gebiet; die Spannung beim Einhundertmeterlauf wie beim wissenschaftlichen Experiment entlädt sich im Ziel oder im Beweis einer Hypothese als Entspannung. Das psychologisch-emotionale Erlebnis ist Erleichterung, Stolz, Befreiung, Befriedigung. Wie anders als aus der Spannung heraus wären solche Emotionen überhaupt zu empfinden? Sexualität z. B. braucht Lust als Spannung, die im Orgasmus kulminiert. Das Gefühl der Befriedigung ist das Erlebnis der Entspannung, die um so intensiver genossen wird je größer die Spannung war.

Das führt uns zu einem weiteren Aspekt des polaren Systems: das Proportionsverhältnis, entsprechend dem die Entspannung unmittelbar dem Grad der Spannung entspricht, scheint nicht nur ein physiologisches Prinzip zu sein, sondern auch ein Gesetz der Psyche. Allerdings läßt sich das lediglich als Hypothese formulieren, da im Gegensatz zu Muskelspannungen und Gehirnströmen, die sich messen lassen, noch niemand das Erregungspotential eines Streites gemessen und mit dem nachfolgenden Ausmaß der Freude verglichen hat, die bei der Versöhnung empfunden wird.

Und doch wissen wir alle aus Alltagserfahrungen, daß die

Freude über eine Versöhnung um so intensiver erlebt wird, je heftiger der vorangegangene Streit war. Manche Partner nutzen diese Abhängigkeit – oder Gesetzmäßigkeit – dazu, ihre sexuelle Lust zu steigern, indem sie einen Streit herbeiführen. Welche Gesetzmäßigkeiten wirken da, und wie funktioniert das System von Spannung und Entspannung überhaupt?

Am gesichertsten sind unsere Erkenntnisse auf physiologischem Gebiet, und zwar im Bereich des vegetativen Nervensystems. Dieses System wird auch als das sogenannte »autonome Nervensystem« bezeichnet, weil die von ihm regulierten vegetativen Funktionen der willentlichen Beeinflussung weitgehend unzugänglich sind. Dieses autonome Nervensystem reguliert alle Körperfunktionen, angefangen von der Größe der Pupille, über den Herzschlag, die Steuerung der Magensäfte bis zur Durchblutung der Geschlechtsorgane. Es besteht aus zwei getrennten Ästen bzw. Nervenbahnen, dem Sympathicus und dem Parasympathicus. Beide arbeiten in Wechselwirkung miteinander. Während z. B. der Sympathicus die Herztätigkeit beschleunigt, zügelt sie der Parasympathicus. Der Mund wässert uns unter dem parasympathischen Einfluß und wird ganz trocken unter dem Einfluß des Sympathicus. Die Aktivierung des Sympathicus ist mit einer Spannung des Organismus gleichzusetzen, in der sich dieser auf eine Kraftentfaltung zum Zwecke des Kampfes oder der Flucht vorbereitet. Dagegen wirkt der Einfluß des Parasympathicus entspannend. Um es auf eine kurze Formel zu bringen: im aktiven Zustand herrscht der Sympathicus vor, während bei Schlaf oder Ohnmacht das vegetative Gleichgewicht vom Parasympathicus bestimmt wird.

Den weiter oben beschriebenen Formen der Aktualneurose gemeinsam ist eine akute oder chronische Gleichgewichtsstörung im Bereich der vegetativen Steuerung, d. h. zwischen Sympathicus und Parasympathicus. So kommt es bei der Schreckneurose zu einer akuten Sympathikotonie mit Pulsbeschleunigung, Unruhe, zeitweiliger Verwirrtheit und Schreckstarre. Bei der Neurasthenie zeugen weite Schwankungen des Blutdrucks und der Schlagfrequenz des

Herzens, Verdauungsstörungen, Kopfschmerzen und Schlaflosigkeit für die labile Lage des vegetativen Gleichgewichts.

Wenn vom vegetativen Gleichgewicht die Rede ist, so meint das nicht ein ausgeglichenes Verhältnis von sympathischem und parasympathischem Einfluß, sondern ein einwandfreies Funktionieren beider Äste. Der durch einen Schreck unter dem Einfluß des Sympathicus beschleunigte Puls muß sich unter Einwirkung des Parasympathicus kurzfristig wieder normalisieren, d. h. es kommt auf das gesunde und ungestörte Wechselspiel der beiden Systemteile an. Wer unter einem permanenten Sympathicuseinfluß ständig mit hochrotem Kopf umherläuft oder ständig wütend ist, hat die Balance zwischen Spannung und Entspannung verloren und ist krank. Normal ist dagegen, daß Emotionen unter dem Einfluß der Steuerung des vegetativen Nervensystems wechseln: Wut wird durch Entspannung abgelöst und Trauer von Freude.

Halten wir an dieser Stelle einmal inne und betrachten wir die bisherigen Ausführungen in ihrer Bedeutung für die Liebe. Liebe braucht »Yin« und »Yang«, das spannungsgeladene Zusammenspiel von männlichem und weiblichem Bewußtsein. Wo diese Spannung nicht gegeben ist – wie im Paradies –, kann keine Liebe wirken. Wie wir bereits sagten, wirkt sich die Polarität von »Yin« und »Yang« jedoch nicht nur zwischen zwei Menschen aus, sondern auch in jedem einzelnen von uns. So kann bei einem Mann durchaus das weibliche Bewußtsein überwiegen und umgekehrt. In neuerer Zeit hat C. G. Jung die Yin-und Yang-Theorie in die westliche Psychologie übersetzt. Nach Jung sind es die beiden Archetypen Animus (Logos) und Anima (Eros), die als Polarität in allen Menschen vorhanden sind und als gegengeschlechtliches Element wirken; d. h. Männer haben eine (weibliche) Anima und Frauen einen (männlichen) Animus. Beide werden selten in harmonische Beziehung zueinandergebracht, weil gewöhnlich eine Seite zum Schaden der anderen überbetont wird. Die Folge davon ist ein psychologisches Ungleichgewicht in den meisten von uns, das wir unbewußt durch Zuneigung zu anderen Menschen kompensieren, die den unentwickelten Aspekt unserer eigenen Psyche repräsentieren.

Animus und Anima bilden also genau wie »Yin« und »Yang« ein polares Spannungsfeld, welches nicht nur in jedem von uns vorhanden ist und wirkt, sondern auch zwischen den Geschlechtern. Hier wie dort besteht die Aufgabe des Menschen darin, zwischen »Yin« und »Yang« bzw. Animus und Anima eine harmonische Beziehung herzustellen, wobei schon die chinesischen Denker darauf hinwiesen, daß dies dem Menschen nur unvollkommen gelingt. Verständlich wird dies aus der Dynamik dieser Spannungsfelder, zwischen deren Polen der Mensch gleichsam hin- und hergerissen wird.

Mit dem Wissen um »Yin« und »Yang« oder Animus und Anima, d. h. den zwei Seelen, die ständig in seiner Brust vorhanden sind, sollte es dem einzelnen gelingen, sich und andere besser zu verstehen. Besser zu verstehen, warum gleichzeitig oder kurz aufeinanderfolgend Lust und Unlust, Zufriedenheit und Frust, Freude und Niedergeschlagenheit in uns vorhanden sind, und aus diesem Verständnis heraus solche Spannungsschwankungen als Ausdruck der gespaltenen Seele zu leben, statt eine spannungsfreie Harmonie anzustreben, wie sie Lüscher als Ideal vorschwebt. Ärgern wir uns also über unseren Partner und freuen wir uns über ihn, streiten wir mit ihm und versöhnen wir uns. Im polaren System von Spannung und Entspannung ist das natürlich und gesund.

Tödlich für die Liebe ist ein »Harmoniepunkt« im Mittelpunkt des Systems, wo es nichts mehr gibt, über das ich mich freuen oder ärgern kann. Die »toten Partnerschaften«, in denen sich beide nichts mehr zu sagen haben, sind für eine solche falsch verstandene »Harmonie« ein abschreckendes Beispiel. Gesundheit und Harmonie liegen im Spannungsfeld von »Yin« und »Yang« im Wechsel zwischen den Polen von Spannung und Entspannung. Und weil sich der Mensch und sein Umfeld ständig ändern, verändert sich damit auch seine Befindlichkeit, die innerhalb des Systems heute hier und morgen dort liegen kann.

»Krankhaft« ist es, sofern die Persönlichkeit an einem der Pole »festmacht«, wie im Fall überstarker Eifersucht, die nur besitzen will und nicht loslassen kann. Ein solcher Zustand zerreißt nicht nur den Betroffenen, sondern sprengt mit Sicherheit auch dessen Partnerschaft.

Das Wissen um die in uns und zwischen uns wirkenden Spannungsverhältnisse ermöglicht auch die Prüfung unserer Liebesbeziehung, z. B. mit der Frage, ob und inwieweit wir abhängig sind von unserem Partner, indem wir Wünsche des unentwickelten Teils unserer Seele auf ihn projizieren. Gerade im Zustand des Verliebtseins neigen wir dazu, in den Partner vieles hineinzusehen und ihn dadurch so zu formen, wie wir ihn haben wollen. Ein Mensch, dessen feminine Seite nicht entwickelt ist, wird sich häufig in das Feminine verlieben, das er in einer anderen Person sieht. Das gleiche gilt für das Maskuline. Verbindungen von dominant und schwach, ob Frau zu Mann oder Mann zu Frau, finden hierin ihre Erklärung.

Das Wissen um unsere »zwei Seelen« läßt uns solche Abhängigkeiten und Projektionen erkennen. Statt den anderen so zu formen, daß er den Bedürfnissen unserer unentwickelten Persönlichkeit entspricht, könnten wir anfangen, den maskulinen oder femininen Pol in uns zu stärken. Wir würden auf diese Weise lernen, unseren Partner so zu lieben, wie er wirklich ist.

Wie Liebe entsteht

Zwei Menschen, die sich nicht kennen, begegnen sich, schauen sich an, berühren sich oder reden miteinander – und plötzlich ist die Liebe da. Wenn man sie fragt, wie es dazu kam, so zucken sie nur mit den Schultern und sagen verständnislos: »Wir wissen nicht, was mit uns geschah« oder »Es kam über uns wie ein Blitz.« Die Beteiligten geben sich auch keine Mühe, hinter das Geheimnis ihrer »Liebe« zu kommen, weil das Glück doch so aufregend schön ist, daß sie es einzig genießen wollen wie ein »Geschenk Gottes«.

Noch erstaunlicher ist dieser »Blitz«, wenn er bei zwei Menschen »einschlägt«, die sich seit Jahren kennen, sich beruflich oder privat oft begegnet sind, aber nie etwas aneinander fanden und sich demzufolge auch nicht beachteten. Auch in diesen Fällen geschieht es »plötzlich«, daß sie sich ineinander »verknallen«, und genau wie im ersten Fall finden auch sie dafür keine Begründung. Wenn man in diesem Fall, daß sich zwei fremde Menschen begegnen und sich spontan ineinander verlieben, vielleicht noch von »Schicksal« sprechen kann, entsprechend dem die Begegnung sich zwanghaft ereignen mußte, fällt eine solche Erklärung bei zwei Menschen, die sich vor einem solchen Ereignis vielleicht schon zehn Jahre kannten, schwer.

Was ist es, was da so »plötzlich« wie ein »Blitz« aus heiterem Himmel über zwei Menschen kommt und warum passiert es? Gedanken darüber macht sich ein solches Paar nicht. Die Betroffenen betrachten ihr »Glück« als Zufall und genießen es rauschhaft.

Daß sich Verliebte nicht nach den Ursachen fragen, erklärt sich daraus, daß die »große Liebe«, die plötzlich und unerwartet zwei Menschen be- oder überfällt, als Erfüllung eines Paradiestraumes angesehen wird, auf den viele Menschen sehnsüchtig ihr ganzes Leben warten. Liest man Bekanntschaftsanzeigen in Zeitungen und Zeitschriften, so stößt man immer wieder auf Formulierungen wie: »Suche meinen

Traummann/meine Traumfrau« oder »Wer erfüllt meine Sehnsucht?« oder sogar ein Stoßseufzer wie: »Bin jetzt schon 30 Jahre alt und habe noch immer nicht meine große Liebe gefunden.«

Die »große Liebe« als Lebenssehnsucht und -rausch, vor der alles andere an Beziehungen zwischen zwei Menschen verblaßt? So stellt es sich in den Tagträumen und Phantasien vieler Menschen dar, die entweder alles oder nichts haben wollen. Aber wenn man schon vom Blitz spricht, der mich trifft und versengt, so sollte man gleichzeitig daran denken, daß auf einen Blitz immer der Donner folgt. Und das sollte jeden – bezogen auf seine Partnerschaft – bedenklich stimmen. In der Realität denkt jedoch niemand daran, denn wenn sich der unausbleibliche Donner nach dem ersten Verliebtsein einstellt, sind beide Partner meist über die Maßen erstaunt.

Bleiben wir vorerst beim Blitz und fragen uns, wie der Blitz in der Liebe zustandekommt. Die gesamte Physiologie und Biologie funktioniert nach dem Reiz-Reaktionsmodell. Sollte dieses Modell auch auf die Liebe zwischen zwei Menschen zu übertragen sein? Wie funktioniert das Reiz-Reaktionsmodell? Biologisch betrachtet spielt sich das gesamte Bewußtseinsgeschehen zwischen den Rezeptor- (= Empfänger-) und Effektor-Organen (= Wirkorganen) unseres Körpers ab. Ereignisse außerhalb und innerhalb des Körpers, die einen Rezeptor aktivieren, heißen Reize. Die Folgen der Aktivierung eines Effektors nennt man Reaktionen. Dabei zerfallen die Reaktionen in zwei große Klassen: Es handelt sich entweder um die Kontraktion von Muskeln oder um die Ausscheidung chemischer Substanzen. Bei einem Schlag auf den Arm (Reiz) können wir das z. B. leicht nachvollziehen: Es kontrahieren dabei bestimmte Muskeln, und diese Reaktion wird als Schmerz empfunden. Oder aber: Der Reiz, der von einem Mädchen ausgeht, führt über die Kontraktion und Entspannung der Beckenbodenmuskulatur beim Mann zu einer Erektion des Geschlechtsteils (Reaktion) und einer damit verbundenen Lustempfindung. Andererseits: Wenn wir erschrekken, scheidet die Nebennierenrinde das Hormon Adrenalin aus, was als Streßreaktion empfunden wird.

Halten wir fest: Für unser gesamtes Empfinden (Reaktion) bedarf es eines vorangegangenen Reizes. Dabei ist wichtig, daß die gleiche Empfindung durch verschiedene Reize erzeugt werden kann. Ob das Auge z. B. von Lichtstrahlen, mechanisch oder chemisch gereizt wird: Es entstehen in jedem Falle Licht- und Farbeneindrücke. Genauso ist die Lustempfindung einer Erektion auch durch mechanische Reizung des Penis' bei der Selbstbefriedigung zu erreichen.

Für das Reiz-Reaktionsmodell ist noch ein weiterer Punkt bedeutsam, dem wir auch später noch begegnen werden: bei Erregung folgen die Nervenzellen dem sogenannten »Alles-oder-nichts-Gesetz«; d. h. daß das Ausmaß ihrer Reaktion auf einen Reiz nur insofern von dessen Intensität abhängt, als diese einen kritischen Schwellenwert überschreiten muß. Wird dieser kritische Schwellenwert überschritten, so antwortet die Nervenzelle mit Potentialschwankungen, deren Energie aus ihr selbst stammt und nicht von der des auslösenden Reizes.

Kehren wir jetzt noch einmal zurück zum »Blitz«, der zwei Menschen trifft und durch den sie in Liebe zueinander entbrennen. Aus dem Vorhergesagten wird verständlich, daß in einem solchen Falle auf beiden Seiten Auslöserreize vorhanden sein müssen, die mit dieser betörenden Empfindung beantwortet werden. Wäre der Reiz einseitig, wäre auch die Empfindung einseitig, und wir hätten es dann mit der Erscheinung zu tun, daß sich ein Mensch in einen anderen verliebt, ohne daß der die Liebe erwidert.

Aus den bisherigen Darlegungen wird auch deutlich, daß die Stärke der Reize keineswegs ausschlaggebend ist für die Stärke der Empfindungen, auch wenn es in der Sprache der Dichter immer wieder sinngemäß heißt: »Er oder sie hat mich über die Maßen erregt.« Was in solchen Fällen als Erregung bezeichnet wird, ist bereits die Antwort auf den Reiz, also die Empfindung.

Für die Empfindung der »großen Liebe« genügen Minimalreize, die lediglich im richtigen Moment aufeinandertreffen müssen. Was das für Reize sind und nach welchem Schema diese Vorgänge ablaufen, werden wir noch ausführlich behandeln. Die Reize sind oftmals so minimal, daß sie überhaupt nicht bewußt wahrgenommen werden. Das weiß jeder, der die Erfahrung der plötzlichen, blitzartigen Liebe bereits einmal gemacht hat und sich dabei verwundert fragte, was eigentlich den Reiz des anderen ausgemacht hat. Trotzdem sind die Empfindungen so stark, daß sie die psycho-physische Gesamtheit der Persönlichkeit erfassen; es schlägt das Herz bis zum Halse, man kann nicht mehr klar denken, und die Knie zittern. Dies kennen wir alle, weil unsere Dichter unsere Sehnsucht nach der großen Liebe mit blumigen Beschreibungen solcher Empfindungen stillen. Wie sagte es eine der Betroffenen, wenn auch prosaischer, so doch sehr plastisch: »Es ist, als hätte ich ein Flugzeug im Bauch.«

Warum häufig nur Minimalreize für die alles verzehrende Empfindung nötig sind, erklärt sich aus der Physiognomik (Lehre vom Ausdruck des menschlichen Gesichts). So können wir uns in der Alltagserfahrung z. B. nicht davon freimachen, daß ein kleiner Dicker auf uns gemütlich wirkt und eng zusammenstehende Augen angeblich etwas »Verschlagenes« besitzen. Große Ohren, eine Stupsnase oder volle Lippen wirken auf uns als Signale, die wir spontan mit einer Bedeutung versehen. Daß dieser Eindruck bei vielen Menschen in gleicher Weise erfolgt, spricht allerdings keineswegs für die Richtigkeit der einer Erscheinung zugesprochenen Bedeutung oder Eigenschaft. Trotzdem wollen wir daran glauben. So hält sich mit Hartnäckigkeit die Überzeugung, daß eine große männliche Nase auch ein großes Geschlechtsteil bedeute. Und auch wenn es inzwischen hinlänglich belegt ist, daß der Ausdruck eines Menschen keinen Rückschluß auf seinen Charakter zuläßt, so wird doch fleißig weiter gedeutet.

Die Deutung des Gesichtsausdrucks begann schon mit Aristoteles und den ihm zugeschriebenen »Physiognomika«. Die Tradition führt über hellenistische und arabische Schriftsteller bis ins 16. Jahrhundert, in dem die Deutungsansätze der Antike eine kraftvolle Renaissance erlebten. Im 18. Jahrhundert wurde die Physiognomik unter J. K. Lavater für eine Weile zur großen Mode; C. G. Carus reichte sie ins 19. Jahrhundert weiter. Wie kein Teilgebiet der Psychologie sonst besitzt die Ausdruckskunde bzw. Physiognomik in geradezu verblüffender Weise eine historische Kontinuität, worauf Hofstätter hinweist.

An der Ausdruckskunde ist für unser Thema die Hypothese bedeutsam, daß gewisse Reizkonfigurationen auch beim Menschen als *angeborene* Auslöser-Schemata funktionieren könnten. Im Hinblick auf die Verhältnisse im Tierreich, die von Tinbergen und Lorenz eingehend untersucht wurden, ist diese Möglichkeit jedenfalls nicht auszuschließen. Konrad Lorenz[47] übertrug seine Erfahrungen mit Tieren auf den Menschen und entwarf zur Prüfung der Hypothese, daß es auch bei Menschen angeborene Auslöser-Schemata gibt, das sogenannte »Kindchen-Schema«, nach dem von einem pausbäckigen Kindergesicht Anregungen zu Sympathieverhalten und Liebkosungen ausgehen. Lorenz folgerte von daher, daß solche »Schlüsselreize«, wie er die Auslöser bezeichnete, bedeutsam sein könnten für einen Großteil der menschlichen Empfindungen.

Für das Thema, das uns hier beschäftigt, die Entstehung von Liebe, liegt die Vermutung nahe, daß auch hier solche »Schlüsselreize« eine bedeutsame Rolle spielen. Allerdings ist davon auszugehen, daß es sich hier um *erworbene* Auslöser-Schemata handelt und nicht um angeborene. Auslöser, die im Elternhaus erworben wurden und sich mit zunehmender Lebenserfahrung ergänzt haben, wirken in unbewußter Weise und bestimmen unser Empfinden und Verhalten, und zwar, wie wir bereits sahen, in vehementer Weise. Die unbewußte Wirkungsweise ist auch die Erklärung dafür, daß sich zwei Liebende nur schwer oder gar nicht den tatsächlichen Reiz bewußt machen können, der vom anderen ausgeht und aufgrund dessen sie in Liebe zueinander entbrennen.

Auslöser kann dabei fast alles sein und für jeden etwas anderes. Wer auf die große Mutterbrust fixiert wurde, für den ist die weibliche Brust auch später ein Auslöser. Auch Stimme, Gesicht, Haltung, Gang, Figur oder Hautkontakte können solche Auslöser sein; die Aufzählung ist keinesfalls vollständig.

Wenn man sagt: »Ein Mensch wurde in einer bestimmten Weise fixiert«, so führt uns das zu einem weiteren Begriff, der bei der Entstehung von Liebe eine wichtige Rolle spielt, nämlich den der sogenannten »Prägung«. Dieser Begriff wurde ebenfalls von Lorenz definiert, der bei seinen Experimenten mit Vögeln die Erfahrung machte, daß Jungtiere kurz nach dem Ausschlüpfen eine Phase durchlaufen, in der sie auf bestimmte Auslöser für arteigene Instinkthandlungen (z. B. das Hinter-der-Mutter-Herlaufen der Jungtiere, sexuelles Werbeverhalten) fixiert werden. Besonders interessant war dabei die Tatsache, daß die Prägung auch auf Tiere einer anderen Art, auf Menschen und sogar auf leblose, aber in Bewegung versetzte Gegenstände wie Kissen und Luftballons möglich war.

Hofstätter meint in Bewertung der Tatsache, daß es bei der Prägung weniger auf die Dauer als auf den Grad der eigenen Aktivität des geprägten Tieres ankommt: »Deshalb kann es als sehr wahrscheinlich gelten, daß Prägung überhaupt nur in Phasen der gesteigerten Emotionalität zustandekommt. Hat sie aber einmal stattgefunden, so erweist sie sich als äußerst stabil, vielfach sogar als irreversibel.« Und genau dies, eine gesteigerte Emotionalität, als Voraussetzung für eine wirksame Prägung, scheint beim Menschen auch erforderlich zu sein.

Zum Glück, aber auch leider, lassen sich mit Menschen keine ähnlichen Versuche machen, wie sie Lorenz mit seinen Gänsen durchführte, um die Bedeutung von Prägungsvorgängen für das menschliche Verhalten eindeutig und umfassend beweisen zu können. Die fetischistische Fixierung des Sexualverhaltens ist für Lorenz Grund für die Annahme, daß auch beim Menschen solche Prägungsmechanismen wirken. So dürften die gesamten menschlichen Vorlieben und Abneigungen, z. B. im sportlichen oder kulturellen Bereich, aber auch beim Essen und Trinken, durch Prägung zustandegekommen sein.

Experimente mit Menschen durchzuführen, um Prägungsvorgänge zu erhellen, sind deshalb unmöglich, weil sich die Auslöserreize nicht isolieren und eindeutig bestimmen lassen und die Ergebnisse einer möglichen Prägung auch nicht so einfach wie bei den Gänsen von Lorenz zu beobachten sind. Die »Liebe auf den ersten Blick« bildet deshalb die Ausnahme, weil sich die Prägung, in der beide übereinstimmen, bei zwei Liebenden beobachten läßt: sei es der Blick, die Haltung, Berührungen, Umarmungen etc.

Auch wenn Liebe erst nach Jahren des Sich-Kennens entsteht, ist von bestimmten Schlüsselreizen und Auslöser-Schemata auszugehen, die bis dahin nicht wirksam waren. Warum das so ist, werde ich im weiteren Verlauf des Kapitels noch erklären.

Kehren wir noch einmal zurück zu den erworbenen Auslöser-Schemata, von denen wir weiter oben sprachen und dazu ausführten, daß diese unser Empfinden in unbewußter Weise prägen. Ohne daß es uns bewußt ist, haben wir »Liebe« gelernt, und immer dann, wenn ein starker »Auslöser« in unsere Nähe kommt, können wir uns verlieben. Freud erklärt den zugrundeliegenden Mechanismus psychoanalytisch mit »traumatischer Fixierung«.

Eine solche liegt z. B. bei der »Angstneurose« vor, bei der das einmal erlebte Versagen in einer Situation dazu führt, daß alle Situationen, die nur im entferntesten an das ursprüngliche Erlebnis erinnern, schlagartig einen Angstanfall auslösen mit dem Gefühl der unmittelbaren Lebensbedrohung, der Vernichtung und des völligen hilflosen Verlassenseins. Vielfach lassen sich Erektionsprobleme als traumatische Fixierung verstehen, wenn der Mann »lernt«, daß ihn eine einmalige, angstvoll erlebte Schwäche zum Versager macht. Durch eine solche Prägung wird die Angst ständig schon im Vorfeld einer intimen Situation auftreten und dann tatsächlich ein Versagen bewirken.

Für das Erlernen von Liebe ist neben der Prägung auch noch ein weiterer Mechanismus bedeutsam: das Lernen nach Art des bedingten Reflexes. Der Begriff stammt von Pawlow, der in Experimenten mit Hunden herausfand, daß die Speichelsekretion, die beim Anblick von Futter als normaler Reflex auftritt, in der Folge auch durch einen Glockenton allein erzeugt werden kann, wenn dieser nur oft genug mit dem Anblick des Futters gekoppelt war. Wir Menschen reagieren genauso. Ein angenehmes Essen fördert die Speichelsekretion. Das ist ein normaler Reflex. Wie wir aus Erfahrung wissen, läuft uns auch schon beim Anblick verlockender Speisen, ja selbst bei einem Bild solcher Leckerbissen, das Wasser im Mund zusammen. Das ist ein bedingter Reflex, der dadurch zustandekommt, daß im normalen Leben der Anblick einer Speise deren Genuß vorauszugehen pflegt. Es geht aber noch abstrakter, und zwar insofern, daß bereits die Vorstellung eines guten Essens den Reflex der Speichelsekretion auslöst; ja, es genügt sogar das Hören eines Wortes wie »Austern oder Kaviar« oder auch »Schweinshaxe«, um uns den Mund zu wässern. Man spricht in solchen Fällen von Konditionierung und meint damit, daß Reflexe durch an sich wirkungslose Reize ausgelöst werden können, wenn diese nur oft genug mit den für den Reflex charakteristischen Auslösern gekoppelt werden.

Um es an einem Beispiel verständlich zu machen: wenn ein Mann z. B. die Erfahrung gemacht hat, daß ihn Strapse an der geliebten Frau erregen, so genügt nach einer bestimmten Zeit allein das Hören des Signalwortes »Strapse«, um die gleichen lustvollen Erregungen zu verspüren wie beim Anblick des tatsächlichen Auslösers.

Im Sinne des Lernens nach Art des bedingten Reflexes kann eigentlich alles und jedes – und für jeden Menschen etwas anderes – zum Signal werden, wenn es nur oft genug mit einem Menschen und einer Situation, durch die seine Bedürfnisse befriedigt werden, in Verbindung gebracht wird. Wer als Frau mit einem bestimmten Augenaufschlag Zuwendungsreaktionen hervorgerufen hat, wird diesen Augenaufschlag immer wieder einsetzen. Entscheidend für ein »Lernen am Erfolg« ist hierbei die Herstellung einer Verbindung zwischen dem Augenaufschlag und dem auf ihn folgenden Erlebnis der Befriedigung in Form einer Zuwendung des Mannes. Die Signale müssen also erfolgreich Lust befriedigen.

Ein Mann, der mit dem Spiel seiner Muskeln anerkennende Blicke von Frauen erntet – also Erfolg hat –, fühlt sich »belohnt«, und dies verstärkt in ihm die Tendenz, seine Muskeln auch in anderen Situationen spielen zu lassen. Das Instrument bekommt Signalcharakter, weil es Reaktionen auslöst, die mit Befriedigung verbunden sind. Die weibliche Mode ist dafür ein gutes Beispiel: Wenn eine Frau einmal Erfolg hatte durch Hervorhebung von Busen und Po mittels einer modischen Verpackung, so neigt sie dazu, diese Aufmachung beizubehalten und ständig auf diese Weise Signale zu senden.

Diese sog. »instrumentale Konditionierung« ist dabei so wirkungsvoll, daß ein Mensch, ob Frau oder Mann, in einer Situation »aufgedonnert« daherkommt, wo es der Situation überhaupt nicht angemessen ist. Er oder sie haben ihre Lektion eben gelernt. Wir können auch sagen: Dieser Mensch wurde geprägt und demonstriert es, ohne sich dessen bewußt zu sein.

Wichtig für die Prägung durch »Lernen am Erfolg« ist, daß sie durch »Belohnung« verstärkt und damit aufrechterhalten wird. Da wir gerade in der Liebe alles tun, um durch unsere Signale Erfolg zu haben, und der Erfolg unsere Prägung positiv verstärkt, kann diese so schnell nicht ausgelöscht werden.

Daß eine einmal erfolgte Prägung nicht oder nur schwer rückgängig zu machen ist, zeigen auch eine Reihe weiterer Dinge. So sind die einmal erlernten moralisch-ethischen Werte ein Leben lang für unser Verhalten bestimmend, genauso wie Vorurteile der verschiedensten Art. Besonders in unserem Rollenverständnis und Rollenverhalten zeigt sich die Festigkeit und Wirksamkeit von Prägungen. Was wir hier in unserer Kindheit gelernt haben, und wie wir durch Belohnungen unserer Eltern geprägt wurden, entscheidet (manchmal in grausamer Weise) unser Leben. Prägung kann zur Sucht werden. Ob Frauen »zu sehr lieben«, oder ob sie an einen Frauenhasser geraten, immer ist Prägung die Ursache. Die Frauen in Robin Norwoods Buch (»Wenn Frauen zu sehr lieben«), wie auch bei Susan Forward (»Liebe als Leid«), sind ein beredtes, wenn auch trauriges Beispiel dafür, wie stark Prägung und die damit verbundene Fixierung wirken. Die Beispiele von Frauen, die einen von Forward als »Frauenhasser« charakterisierten Mann lieben, zeigen, daß es sich in diesen Fällen eindeutig um eine »traumatische Fixierung« im Freudschen Sinne handelt.

Selbst intensive negative Erfahrungen löschen die Prägung nicht aus. Weil die Prägung als richtig angesehen wird, wirken alle ihr entgegenlaufenden Erfahrungen nur als Irrtümer, die die Richtigkeit der Prägung nicht in Frage stellen. Auf der anderen Seite darf man nicht verkennen, daß Prägung durchaus eine positive Funktion für unser Leben besitzt. Verhaltensweisen, die zu Erfolg führen, verleihen uns Sicherheit, ohne die wir nicht leben könnten. Verhalten, das sich in einer Situation als erfolgreich erwiesen hat, übertragen wir auf eine andere Situation, die der früheren ähnlich ist, und lösen auf diese Weise oft auch die neue Problemsituation. Prägung verhilft also auch zu Problemlösungen. Zudem besteht der Vorteil der Prägung in einer Entlastungsfunktion unseres Gehirns, da bestimmte Reaktionen automatisch und unbewußt erfolgen.

Für das Entstehen von Liebe ist insbesondere eine Prägung auf das menschliche Gesicht von Bedeutung, wie das zu Beginn des Kapitels geschilderte Beispiel des sog. »Kindchen-Schemas« zeigt. Für uns Menschen als »Augentiere« entsteht Liebe oft durch einen »Augen-Blick«. Ein tiefer Blick in die Augen eines anderen Menschen genügt dann als Signal- oder Schlüsselreiz, um die erworbenen Auslöser-Schemata in Gang zu setzen, sprich: sich zu verlieben. Darauf, daß dies auch über Stimme, Gang, Körperhaltung etc. erfolgen kann, habe ich bereits hingewiesen. Augen sind jedoch mehr als Sinnesorgane; sie gelten als »Spiegel der Seele«. Wenn ich jemand anschaue, so »schaue ich wie in einen Spiegel«, wie oft die Formulierung lautet. Über die Augen mache ich mir also ein umfassendes Bild vom anderen, von seinen Eigenschaften und von seinem Charakter. Deuten wir Augen mit Treue, Zärtlichkeit und Gutmütigkeit, so liegt für uns darin etwas Objektives. Wir sind überzeugt, daß unser Eindruck richtig ist. Gerade in der Liebe machen wir jedoch häufig die Erfahrung, daß wir uns getäuscht haben und daß die vormals sanftmütigen Augen sehr schnell bösartig funkeln können, was uns dann völlig verstört. Wir bedenken dabei nicht, daß unser

Bild aufgrund der am Anfang des Kapitels behandelten Ausdruck-Eindruck-Verschränkung zustandekommt, nach der ich den Ausdruck eines Menschen so deute, wie es meinem Bild entspricht, das ich gern von ihm hätte. Dieses Bild vom anderen entspricht *meinen* Vorstellungen und Wünschen, weil dahinter bestimmte Bedürfnisse stehen. Aber gerade dadurch wird das Bild zum Zerrbild. Über diese Verzerrung der Wahrnehmung sind sich Liebende am allerwenigsten im klaren. Für sie ist die Welt rosarot, und sie projizieren in den jeweils anderen die Vielfalt ihrer eigenen Vorstellungen und Wünsche hinein. Und dann endet die große Liebe plötzlich in Enttäuschung, weil sich einer oder beide überfordert fühlen von den Erwartungen, die in dieses Bild gesetzt wurden.

Beim nächsten Mann / bei der nächsten Frau versuchen wir es aber wieder, weil wir die Hoffnung nicht aufgeben wollen, daß »treue Augen« sich auch einmal wirklich als treu erweisen und es bis zum Lebensende bleiben werden. Sind wir auf »blaue Augen« fixiert, und sie enttäuschen uns, so verfallen wir den nächsten »blauen Augen« dennoch wieder genauso. Das zeigt, daß Prägung eben nicht bzw. kaum rückgängig zu machen ist.

Haben wir längere Zeit keine »blauen Augen« gesehen, so entwickelt sich in uns ein Bedürfnis danach, das bei zunehmender Intensität als Verlangen und schließlich als Drang empfunden wird. Wir spüren, daß sich unser »inneres Milieu« nicht im Gleichgewicht befindet. Und auf eine Konstanthaltung des inneren Milieus sind Menschen und höhere Tiere angewiesen. Das gilt nicht nur für physikalisch-chemische Zustände innerhalb des Körpers, wie Körpertemperatur und Zusammensetzung des Blutes, sondern beim Menschen ganz wesentlich auch für psychische Zustände. Schon 1859 führte Claude Bernard dazu aus: »Alle Lebensvorgänge, wie verschieden sie auch immer sein mögen, haben nur ein einziges Ziel, das ist, die Bedingungen des Lebens im inneren Milieu konstant zu halten.«

Dem psychischen Bedarf an Wärme und Zuneigung entspricht auf der Erlebnisseite ein Bedürfnis nach Befriedigung. In dieser Bedarf-Bedürfnisbeziehung liegen die Wurzeln der

Liebe. Prägung trägt dazu bei, diese Bedürfnisse zu stillen und das innere psychische Milieu konstant zu halten. Erworbene Schemata können dabei durchaus Bedürfnisse auslösen. Wer von mütterlicher Seite auf eine stark entwickelte weibliche Brust geprägt wurde, tendiert in seinen Bedürfnissen nach Frauen mit großen Brüsten und intensiven Brustkontakten. Die Gegenstände der Welt besitzen für uns, um mit Kurt Lewin[48] zu sprechen, einen »Aufforderungscharakter«, der sich sowohl im Gefühl als auch im Verhalten ausdrücken kann. Aufforderungscharakter besitzen die Dinge insofern, als wir durch sie unsere Bedürfnisse befriedigen möchten. Für Liebe und das Bedürfnis nach Nähe und Wärme können dabei die Auslöser-Schemata, je nach der Intensität der Bedürfnisse, durchaus auch erweitert werden. Das zeigt sich dann darin, daß man zur Befriedigung von Bedürfnissen weniger wählerisch wird. Selbst ein auf Rothaarige fixierter Mann bandelt mit einer Blondine an, wenn er ein ungestilltes Bedürfnis als Drang empfindet. Die Tatsache, daß sich manche Männer Frauen »schöntrinken« können, verdeutlicht die Schwellenherabsetzung, die bei solchen Bedürfnislagen eintritt.

Die Liebe zwischen zwei Menschen basiert immer auf Bedürfnisbefriedigung, und auf diese Weise kommt Liebe zustande. Prägung sortiert vor und entscheidet darüber, mit wem und auf welche Weise ich meine entsprechenden Bedürfnisse befriedigen möchte. Bei steigenden Bedürfnissen aufgrund einer Mangelsituation wird die Prägung zwar nicht außer Kraft gesetzt, aber sie richtet sich dann auf Ersatzziele, die den ursprünglichen möglichst ähnlich sind, oder ähnlich gemacht werden, wie im vorgenannten Beispiel.

An dieser Stelle läßt sich jetzt auch erklären, warum zwei Menschen, die sich seit Jahren kennen, plötzlich in Liebe zueinander entbrennen. Es dürfte sich dabei die Bedürfnislage, aufgrund bestimmter äußerer oder innerer Verhältnisse, so verändert haben, daß Auslöser-Schemata, die bisher nicht wirksam waren, plötzlich für den »Kick« sorgen, der als »Blitz« empfunden wird. Das führt uns zur letzten Erkenntnis über das Entstehen von Liebe: Voraussetzung dafür, daß erworbene Auslöser-Schemata wirksam werden können, ist immer eine bestimmte Bedürfnislage. Umgekehrt zeigt sich: Je mehr die Bedürfnisse eines Menschen von einem Partner befriedigt werden, um so »verschlossener« ist er für andere Reize: »Er hat keine Augen für einen anderen«, wie es so treffend heißt. Das meint, daß die Reizschwelle für andere Menschen, überhaupt bemerkt zu werden, sehr hoch liegt. In der Partnerschaft nennt man das Treue.

Es wird Ihnen vielleicht an der einen oder anderen Stelle etwas trocken vorgekommen sein, wenn ich von »Eindruck-Ausdruck-Verschränkung«, Prägung, Lernen nach Art des »bedingten Reflexes« oder »Lernen am Erfolg« sprach, und Sie werden sich möglicherweise gefragt haben, was das mit dem Thema zu tun habe. Zur Erläuterung, wie Liebe entsteht, und um Sie möglicherweise davor zu bewahren, morgen wieder dem schönen Schein zu verfallen, der sich oft als trügerisch erweist, bedurfte es der Erläuterung dieser Phänomene.

Die »große Liebe« ist eine Paradiesvorstellung, die nur in wenigen Fällen die am Anfang damit verbundenen Hoffnungen erfüllt. Nach dieser Vorstellung glauben wir daran, Herr unserer eigenen Entschlüsse und unseres Verhaltens zu sein. »Blaue Augen« versprechen uns ein paradiesisches Glück, und deshalb glauben wir daran. In Wirklichkeit sind wir weitgehend jedoch keineswegs Herr unserer selbst, weil wir durch Prägung, Fixierung und Konditionierung geleitet werden. Die »blauen Augen« sind zwar ein Grund für unseren Glauben, aber keineswegs eine tragfähige Basis für eine Liebe, die ein Leben lang Bestand hat.

Wer sich die Zusammenhänge klarmacht und die bei der Entstehung von Liebe wirkenden Faktoren versteht, wird vielleicht von seinem Paradiestraum nach der »großen Liebe« Abschied nehmen und seine Liebessehnsucht einem irdischeren Modell zuwenden, in dem die Wirkung von Prägung, der Einfluß der eigenen Bedürfnislage und die Gefährlichkeit einer Bildprojektion Berücksichtigung finden. Mit der Frage, wie man außerhalb des Paradieses lieben kann, werden wir uns im weiteren Verlauf des Buches noch ausführlich beschäftigen.

Liebe als »Religionsersatz«?

Was viele unter Liebe verstehen, erweist sich in vielfacher Hinsicht als Illusion. Die erste Illusion besteht darin, daß die Liebe mit dem Verliebtsein verwechselt wird. Eine wohl ebenso häufig anzutreffende Ansicht geht davon aus, daß die symbiotische Vereinigung mit dem Liebesglück gleichzusetzen sei. Eine dritte Variante betrachtet die erotische Liebe im Sinne eines Vergnügens, wie es die Konsumgesellschaft auch in anderen Bereichen ermöglicht. Die erotische Liebe unterscheidet sich nach dieser Auffassung und der entsprechenden Praxis nur wenig von dem Genuß eines Hamburgers im Fastfood-Restaurant. Es bleibt ein Unterschied: Die genossenen Hamburger sind eindeutig immer die gleichen, der neue Partner hingegen scheint immer ein anderer zu sein. So kommt hier als Illusion der Reiz des Neuen hinzu.

Wenden wir uns dem Verliebtsein zu!

Was hat es mit dem Paradies zu tun? Hier verrät unser Sprachgebrauch einige Zusammenhänge. Ein religiöser Wortschatz dient auch heute noch dazu, das Verliebtsein auszudrücken: Der Verliebte »betet« seine Geliebte an; er liebt sie »abgöttisch«; er fühlt sich an ihrer Seite »wie im Himmel« oder eben »wie im Paradies«.

Weitere Zusammenhänge werden deutlich, wenn wir uns den Zustand des Verliebtseins genauer ansehen. Wir nehmen dafür eine anschauliche Beschreibung des spanischen Philosophen José Ortega y Gasset[49]. Demnach weiß die Mutter, daß ihre Tochter verliebt ist, »wenn sie sie auf Vergeßlichkeiten ertappt« und weiter: »Das arme Ding kann seine Aufmerksamkeit nicht frei beweglich auf seine Umgebung richten. Es ist wie benommen und versunken und betrachtet in seinem eigenen Inneren das Bild des Geliebten, das ihm gegenwärtig ist. Diese Versunkenheit gibt den Verliebten den Anschein von Traumwandlern, von Mondsüchtigen, von Bezauberten.«

Es handelt sich um einen Ausnahmezustand, in dem der

Verliebte gleichsam über dieser Welt in einem fernen Reich schwebt. Benannt wird dieses Reich von dem bereits erwähnten Dichter Klopstock; es ist der Garten Eden. Diese Benennung hat ihren guten Grund. Wie schwerelos bewegen sich die Verliebten außerhalb dieser Welt, in einem Reich, das nur für sie geschaffen ist. Dieses Leben und diese Welt berühren die Verliebten weder im Guten noch im Bösen. Sie haben damit den verhängnisvollen Schritt ihrer Ureltern, vom Baum der Erkenntnis zu essen, rückgängig gemacht.

Es gibt wohl keinen Zustand, der so eindeutig mit dem Paradiesglück in Verbindung gebracht wurde und stets noch damit in Verbindung gebracht wird, wie der traumwandlerische Zustand des Verliebtseins. Eine weit zurückreichende Dichtungstradition, Klopstock ist hier nur einer von vielen, steht hinter der gängigen Auffassung, die Verliebten befänden sich im siebten Himmel bzw. im Paradies. Die Entrücktheit der Verliebten wird von Ortega y Gasset[50] als erotischer »Zustand der Gnade« bezeichnet; auch hier wird der religiöse Kontext deutlich; es handelt sich um die Rückkehr ins verlorene Paradies, die, so die Gnade Jahwes, den Verliebten zuteil wird.

Noch eine weitere Zauberkraft ist mit dem Verliebtsein verbunden. Alles erscheint in einem herrlichen Glanz, sehr schön und liebenswürdig. Ironisch wird diese »Zauberei der Liebe« in einem Roman Goethes beschrieben: »Sie ist eine so starke Würze, daß selbst schale und ekle Brühen davon schmackhaft werden.«[51]

Wir wollen uns noch von einem anderen Schriftsteller über den Zustand des Verliebtseins belehren lassen, von Christoph Martin Wieland. In Wielands Roman »Die Geschichte des Agathon« erreichen nach vielem Hin und Her der Held, Agathon, und seine Auserwählte, Danae, endlich den erotischen »Zustand der Gnade«. Dieser wird im Roman wie folgt kommentiert: »Welch ein Zustand, wenn er dauern könnte!«[52]

Der Verliebte lebt in dem Glauben, daß es sich um einen dauerhaften Zustand handelt. Jede Aussicht auf Ernüchterung würde das Glücksgefühl trüben. Für den Außenstehenden hingegen ist klar, daß sich das ganze wieder beruhigen wird und die Betroffenen auf den Teppich der Tatsachen, vermutlich sehr harte, zurückfallen werden. Der Glaube, daß das Glücksgefühl dauerhaft sein könne, ist jedoch insofern ein angenehmer Glaube, weil er Lust verspricht.

Hinzu kommt ein weiterer Aspekt, der das Illusionäre des Verliebtseins ausmacht. Er hängt damit zusammen, daß alles und insbesondere das geliebte Gegenüber im herrlichsten Glanze erscheint, d. h. äußerst schön und grenzenlos liebenswürdig. Der oder die Geliebte werden in höchstem Grade idealisiert; ja, je mehr diese Idealisierung möglich ist, desto intensiver wird auch das Verliebtsein erlebt. Die Intensität und die Plötzlichkeit des Liebeserlebnisses bilden wiederum den Beweis, daß es sich um die wahre und große Liebe handelt. So nähert sich das Verliebtsein einer Art von Liebe, die Erich Fromm in seinem Buch »Die Kunst des Liebens« als eine Pseudo-Liebe entlarvt, die sogenannte »abgöttische« oder auch »große Liebe«.[53] Sie scheitert insbesondere daran, daß kein Mensch auf die Dauer gesehen den hohen Erwartungen des Verehrers oder der Verehrerin entsprechen kann.

Dennoch ist der Glaube an die »große Liebe« unerschütterlich, ja er wird in heutiger Zeit geradezu zu einem »Religionsersatz«. Deshalb wird das Verliebtsein mit der Liebe gleichgesetzt. Was ist dagegen einzuwenden? Hat das Verliebtsein denn mit der Liebe nichts zu tun? Meiner Meinung nach stellt das Verliebtsein nur ein gewisses Stadium der Liebe dar; die Liebe selbst ist eine viel umfassendere, tiefere und ernstere Leistung des Menschen. Entsprechendes meint Ortega y Gasset: »Jede Liebe geht durch die heiße Zone der Verliebtheit hindurch; dagegen gibt es ›Verliebtheiten‹, denen keine echte Liebe folgt. Verwechseln wir also nicht den Teil mit dem Ganzen!«[54]

Diese Verwechslung hat fatale Folgen, da das Verliebtsein den absoluten Maßstab bildet. Mit diesem Maßstab *kann* der Verliebte nur enttäuscht werden, da er notwendigerweise den Punkt erreichen wird, wo er in ein umfassenderes, tieferes und ernsteres Stadium eintreten müßte. Er wird statt dessen, enttäuscht wie er ist, eine andere Lösung suchen, nämlich den »richtigen«, den »wirklich passenden« Partner. Gemeint ist damit ein solcher, bei dem das Verliebtsein nie aufhört. So wird es zahllose ›Verliebtheiten‹ geben, aber nicht die echte Liebe. Dennoch wird sich ein Mensch nicht den Glauben nehmen lassen, daß die nächste Verliebtheit auf jeden Fall die »große Liebe« ist.

Ein weiteres Beispiel für die fatalen Folgen der Verwechslung von Verliebtheit und Liebe bildet die Erinnerung an die ersten Zeiten der Liebe, die als Beweis einer gelungenen Partnerschaft herhalten muß. Gerade wenn die Partnerschaft kaum noch oder gar keine Glanzpunkte mehr aufweist, bildet die Erinnerung an das frühere so plötzliche, so unvermutete und so intensive Verliebtsein die Gewähr und den Trost, daß man trotz alledem doch zusammengehört. Es ist der Glaube, daß die Liebe mit dem Verliebtsein ein für allemal gegeben ist, gleichgültig wie miserabel das Ganze inzwischen aussieht. So kann jemand jede Enttäuschung ertragen und sich ein Leben lang abquälen, ohne je zu begreifen, daß außer dem Verliebtsein nichts gewesen ist. Da dieses Erlebnis alles ersetzen muß, wird es in der Erinnerung entsprechend verklärt. Das *Erlebnis* wird zur »großen Liebe« stilisiert, muß das ausgebliebene Glück ersetzen und sehr oft als einziger Lichtblick dem ganzen Leben einen Sinn geben.

Ein bekanntes Chanson von Charles Aznavour gibt diesen verzweifelten Rückgriff auf die doch so schöne Phase des Verliebtseins eindringlich wieder. Die erste Strophe gibt ein Bild von geradezu erbärmlicher Lieblosigkeit:

> »Du bist so komisch anzusehn. / Denkst Du vielleicht, das find ich schön, / wenn Du mich gar nicht mehr verstehst / und mir nur auf die Nerven gehst. / Ich trinke schon die halbe Nacht / und hab mir dadurch Mut gemacht, / um Dir heut endlich zu gestehn: / Ich kann Dich einfach nicht mehr sehn; / mit Deiner schlampigen Figur / gehst Du mir gegen die Natur.«

Die folgenden Strophen stellen dar, was dem geplagten Ehemann alles auf die Nerven geht, »Du läufst im Morgenrock herum, ziehst Dich zum Essen nicht mal um«, etc. In der Schlußstrophe wird dann das frühere romantische Liebeserlebnis besungen; so soll es wieder werden:

»Sei doch ein bißchen nett zu mir, / damit ich Dich nicht ganz verlier. / Denk an die schöne Zeit zurück, / die Liebe auf den ersten Blick. / Wie ich am Abend zu Dir kam / und Dich in meine Arme nahm. / An meinem Herzen, das wär schön, / da laß Dich gehn, da laß Dich gehn.«

So schön das Verliebtsein auch sein mag: Verwechseln wir besser nicht das Teil mit dem Ganzen! Denn was für einen Wert hat die so viel gepriesene »Liebe auf den ersten Blick«, wenn sich auf den zweiten, dritten oder vierten Blick nur Lieblosigkeit einstellt? Das wünschenswerte Ziel ist doch, sich selbst, wie man ist, und den anderen, wie er ist, sehen, akzeptieren und lieben zu lernen. Dazu sind das Verliebtsein und die entsprechende Portion Blindheit am wenigsten geeignet.

Nun kommen wir zur zweiten Auffassung eines Irrglaubens der Liebe. Danach stellt die symbiotische Vereinigung das Liebesglück schlechthin dar. Wie wir bereits gesehen haben, findet diese Auffassung in der Schöpfungsgeschichte eine Grundlage; in der Luther-Übersetzung lautet der entsprechende Abschnitt:

»Und Gott der Herr baute ein Weib aus der Rippe, die er von dem Menschen nahm, und brachte sie zu ihm. Da sprach der Mensch: Das ist doch Bein von meinem Bein und Fleisch von meinem Fleisch; man wird sie Männin nennen, weil sie vom Manne genommen ist. Darum wird ein Mann seinen Vater und seine Mutter verlassen und seinem Weib anhangen, und sie werden sein *ein* Fleisch.«

Wie dieser Schöpfungsvorgang, so besitzt auch die Liebe im Sinne der symbiotischen Vereinigung ihr biologisches Modell in der Beziehung zwischen der schwangeren Mutter und dem Fötus; dazu Erich Fromm:

»Sie sind zwei und doch eins. Sie leben ›zusammen‹ (symbiosos), sie brauchen sich gegenseitig. Der Fötus ist ein Teil der Mutter und empfängt von ihr alles, was er braucht; die Mutter ist sozusagen seine Welt. Sie ernährt und beschützt ihn, aber auch ihr eigenes Leben wird durch ihn bereichert.«[55]

In der Genesis ist zwar nicht von einer Beziehung zwischen der schwangeren Mutter und dem Fötus die Rede, statt dessen von einem Tiefschlaf, einer Rippe. Dennoch ist die Symbolik eindeutig. Das zugrundeliegende Modell ist die Symbiose, wie sie zwischen der Mutter und ihrem Kind besteht. Diese Symbiose erscheint in einer merkwürdigen, patriarchalischen Umkehrung der biologischen Gegebenheiten. Alles wird in der Genesis quasi aus dem Nichts geschaffen. Nur in bezug auf die Frau benötigt Gott Jahwe den Teil eines bereits existierenden Geschöpfes. Gott Jahwe erhält die Stelle des Geburtshelfers; der Mann wird zur Mutter der »Männin«. Damit erhält in dieser Geschichte das Menschengeschlecht einen männlichen Ursprung. Zugleich wird das Verhältnis zwischen den Geschlechtern nach dem Muster einer symbiotischen Zusammengehörigkeit bestimmt. Die Frau ist ein Stück des Mannes, Fleisch von seinem Fleisch, und »sie werden sein *ein* Fleisch«.

Ein besonders eindringlicher Mythos, der ebenfalls die Liebe mit der symbiotischen Vereinigung gleichsetzt, wird von dem griechischen Philosophen Platon erzählt. Dem Mythos nach war der Urmensch ein doppelgeschlechtliches, mannweibliches Geschöpf. Es war vollständig rund, hatte vier Arme, vier Beine, vier Ohren, zwei Gesichter, usw. Da dieser äußerst kräftige Urmensch den Göttern gefährlich wurde, beschloß Zeus, ihn schwächer zu machen, d. h., ihn zu zerteilen. Seitdem wird der Mensch vom Eros angetrieben.

»Es ist also seit grauer Vorzeit dem Menschen das Verlangen nacheinander eingeboren; dieses will das Urwesen wieder zusammenbringen und eins aus zwei machen und so die menschliche Natur zur Gesundung führen. Jeder von uns ist also nur die Hälfte eines Menschen, da er entzweigeschnitten ist (...). Es sucht daher jeder stets seine andere Hälfte.«[56] Der Eros, das Verlangen nach der symbiotischen Vereinigung, will die Hälften miteinander zusammenschweißen. So soll aus zweien ein einziger Mensch werden. Beide sollen wie ein einziges Wesen zusammenleben. Bevor wir genauer zeigen werden, daß die symbiotische Vereinigung keinesfalls dazu führt, wie im Mythos behauptet wird, die menschliche Natur zur Gesundung zu führen, wollen wir sehen, ob diese Liebesauffassung heutzutage noch gültig ist.

Der Mythos trifft sehr genau das Erscheinungsbild, das viele Ehen, Partnerschaften, Beziehungen, wie man diese auch immer nennen will, aufweisen. Nicht nur das Geld ist nach der Heirat nur noch »die Hälfte wert«, auch die Eheleute werden zur Hälfte eines Ganzen, bzw., wie es höflich oder auch spöttisch heißt, zur »besseren Hälfte«. Ebenso wird kaum nur von »Adam« oder nur von »Eva« gesprochen, sondern fast immer von »Adam *und* Eva«, ein Sprachgebrauch, der das symbiotische Vereintsein der beiden anzeigt.

In dem gleichen Sinne wird z. B. der ehemalige Schulfreund Heinz nach der Eheschließung zum Bestandteil eines Paares, sagen wir einmal »Heinz *und* Barbara«. Für sich selbst und für die anderen wird Heinz nun fortan die Hälfte eines Ganzen ausmachen. Wie einem linken Schuh der rechte fehlt, und zwar ein bestimmter, genau passender rechter Schuh, so ist auch Heinz ohne seine bessere Hälfte unvollständig. Wenn von »meiner besseren Hälfte« die Rede ist, so ist damit ein symbiotisches Vereintsein gemeint. In Konfliktsituationen wird dann alles kurzerhand umgekehrt. Darin liegt die stets drohende Gefahr. Ebenso plötzlich wie das Gefühl des Einsseins entsteht, wird es auch wieder aufgekündigt. So ist es nun »*dein* Sohn«, der die Fensterscheibe zerschlagen hat, oder »*deine* Tochter«, die von dir und allein von dir ihre »Unarten« und »Ungezogenheiten« gelernt oder gar geerbt hat. »Damit habe *ich* nichts zu tun, *du* allein bist verantwortlich«, das ist der Sinn des Vorwurfs. Auch diese sehr häufig anzutreffenden Argumentationsformen in Konfliktsituationen resultieren aus dem Glauben an das symbiotische Vereintsein. Es ändern sich nur die Vorzeichen. Um den Zusammenhang zu verdeutlichen, könnte man von einem symbiotischen Getrenntsein sprechen. Beides ist falsch, das symbiotische Vereint- und das symbiotische Getrenntsein. Das eine verschweigt bei allen Gemeinsamkeiten die trennenden Momente, das andere bei aller Trennung die Gemeinsamkeiten und d. h. in den meisten Fällen: die gemeinsame Verantwortung. Obwohl in Wirklichkeit falsch, hat der Irrglaube, daß die symbiotische Vereinigung Beweis von Liebe ist, Bestand.

Wenden wir uns nun der dritten Illusion zu, die »Liebe« unter Konsumaspekten betrachtet, und fragen uns nochmal, wie Liebe zu einer Person ausgelöst wird. Wie bereits in einem früheren Kapitel deutlich wurde, können und wollen die Betroffenen auf diese Frage am wenigsten eine Antwort geben. Die Liebe, sie war plötzlich da. Wie ein Blitz überfiel sie die beiden. Was als so schön empfunden wird, wird nicht hinterfragt. Es soll ein Mysterium bleiben. Es sind dann allererst die trennenden Momente, hinter denen für die Beteiligten ein großes Fragezeichen auftaucht.

Bevor wir zu dem Thema Liebe und Konsum kommen, müssen wir hier den Spieß einmal umdrehen. Das plötzliche Einanderfinden fällt nicht vom Himmel. Auslöser sind, wie wir bereits sehen konnten, gewisse Schlüsselreize. Diese können sein: die Farbe der Iris, die Mundwinkel, der Klang der Stimme oder ähnliches. In diesem Bereich läßt sich einiges vermarkten. Zur Zeit sind es vor allem die Duftstoffe der Parfümerien, denen die Kraft nachgesagt wird, als Auslöser des Liebesgefühls zu wirken. Die wohlriechenden Wässerchen sind nicht nur ein Zeichen eines »gepflegten Äußeren«; sie begnügen sich auch nicht damit, angenehm zu duften. Sie wollen betörende Wundermittel sein, mit denen die Frau und inzwischen auch der Mann ihre/seine erotische Anziehungskraft »ins Unermeßliche« steigern kann. Also: Man gehe ins Badezimmer und statte sich mit Schlüsselreizen aus, der Rest geht dann automatisch, wie von selbst. Von hier aus gesehen ist die Liebe nicht plötzlich »ohne Grund« da, sondern sie wird mit allen möglichen Mittelchen hervorgebracht.

Sehen wir uns den weiteren Ablauf noch einmal genauer an. Wir können dabei der Darstellung von Ortega y Gasset folgen, der den Vorgang aus der Perspektive des Mannes wiedergibt. Demnach »gefallen« dem normalen Mann fast alle Frauen, die in seine Nähe kommen. (Wir können auch annehmen, daß ihm nur etwa die Hälfte, auf jeden Fall jedoch ziemlich viele Frauen »gefallen«). Dieses »Gefallen« hat mit Liebe noch nichts zu tun, denn Liebe ist ihrem Wesen nach sehr wählerisch und ausschließlich. Die Schlüsselreize bestimmen das weitere:

»Ein schmuckes Mädchen reizt im Vorübergehen die Peripherie der männlichen Sensibilität... Diese Reizung bewirkt unwillkürlich eine erste Bewegung der Schönen entgegen.«[57] Der Mann fühlt sich hingezogen zu einer Frau, die vor ihm herstöckelt oder auch eine unwiderstehliche Parfümsorte als Anreiz verwendet. Auch bis hierhin hat die Liebe noch nichts Eigentümliches, was allein die Liebe auszeichnet. Solche Schlüsselreize, die einen bestimmten Gegenstand als geeignet für die Befriedigung der Bedürfnisse erscheinen lassen, oder auch diese Bedürfnisse erst erzeugen, sie befinden sich praktisch überall. Und der Mensch der Konsumgesellschaft ist in besonderer Weise diesen Reizen ausgesetzt. Es sind Anreize, die eine Reaktion hervorrufen: das Konsumieren. Für das Konsumieren ist es nicht nötig, daß das Innere der Person daran teilnähme. Es wäre sogar hinderlich, da das Konsumieren viel schneller und effektiver vonstatten geht, wenn es an der Oberfläche bleibt.

Ein Werbespot ist in der Regel zehn bis dreißig Sekunden lang. Hier bildet die Wiederholung den Effekt, damit z. B. ein Firmenemblem zum Schlüsselreiz heranreift. Ist es einmal gelungen, diesen Schlüsselreiz zu etablieren, dann wird das Folgende, der Konsum, zu einer mechanischen, unwillkürlichen Angelegenheit. Die Entscheidung, ein Produkt zu kaufen, vollzieht sich in Sekundenbruchteilen. Das »Einverleiben« benötigt je nach Gegenstand wohl etwas mehr Zeit. Aber auch hier wird das Konsumverhalten gesteigert, wenn das »Einverleiben« von Waren, Bildern, Essen, Trinken, Zeitschriften, Filmen usw. möglichst wenig Zeit beansprucht.

Weshalb wird solch ein Reiz-Reaktions-Mechanismus von der menschlichen Psyche so bereitwillig angenommen? Ein wichtiger Grund scheint mir darin zu liegen, daß eine nicht unerhebliche Entlastung möglich ist. Es ist eben nicht mehr nötig, zwischen zwanzig oder dreißig Kaffeesorten, wie viele es auch immer inzwischen geben mag, auszuwählen und sich darüber den Kopf zu zerbrechen. Die Entscheidung wird dem Kunden abgenommen.

Ähnlich verhält es sich mit den Beziehungen, von denen die meisten am Arbeitsplatz geknüpft werden. Obwohl ein Mensch in einer Großstadt unzählige Möglichkeiten hat, einen Partner zu finden, wählt er unwillkürlich die nächstliegende. Neben der Entlastung – daß ihm die mühsame Suche und Auswahl erspart bleibt – liegt der entscheidende Grund meiner Ansicht nach wohl darin, daß diese unwillkürliche und »mechanische« Reaktion es ermöglicht, ein Bedürfnis auf die schnellstmögliche Weise zu befriedigen. Es wird befriedigt, sobald und indem es entsteht. Die Unlustvermeidung und der Lustgewinn sind die entscheidenden Triebfedern, die den Reiz-Reaktions-Mechanismus in Gang halten. Das Innere der Person wird dadurch wenig berührt. Der Konsumrausch ist dafür das eindringlichste Beispiel. Hier wird das Konsumverhalten bis zu einer Geschwindigkeit gesteigert, die eine quasi unaufhaltsame Eigendynamik freisetzt. Anreiz, Kauf und Verzehr bilden einen in sich geschlossenen Kreislauf, in dem eine wirkliche Befriedigung nicht stattfindet. Ebensowenig kann hier von wirklichen Bedürfnissen die Rede sein. Alles dient dem Zweck, sich über die innere Leere hinwegzutäuschen. Im Grunde genommen ist die Person hohl, nur Oberfläche.

Das hier beschriebene Phänomen ist keine Randerscheinung. Es entspricht im wesentlichen dem Menschenbild, das in dem Buch »Brave New World« von Aldous Huxley entworfen wurde. Das Buch erschien erstmals 1932 in deutscher Übersetzung unter dem Titel »Schöne neue Welt«. Huxley ging davon aus, »daß das Verlangen des Menschen nach Zerstreuung fast grenzenlos ist«. Bereits 1956 konnte Erich Fromm in seinem Buch »Die Kunst des Liebens« feststellen, daß der moderne Mensch dem von Huxley entworfenen Bild bedenklich nahekommt:

»Der moderne Mensch ist gutgenährt, gutgekleidet, sexuell befriedigt, aber ohne Selbst, nur im oberflächlichsten Kontakt mit seinen Mitmenschen, geleitet allein von Slogans, die Huxley knapp folgendermaßen formuliert: ›Verschiebe ein Vergnügen nie auf morgen, wenn du es heute haben kannst‹.«[58]

Gut drei Jahrzehnte später, 1985, erschien ein Buch von Neil Postman. Bereits der Titel verdeutlicht, daß sich Huxleys beklemmende Vision vom modernen Menschen nun anscheinend gänzlich bewahrheitet hat. Der Titel lautet: »Amusing ourselves to death«, in der deutschen Übersetzung: »Wir amüsieren uns zu Tode.«[59]

Vor allem die Liebe ist ein Lebensbereich, der zusehends nur noch *einem* Zweck dient, dem Vergnügen. Die pflegeleichte Partnerschaft, die wenig Engagement und »Investitionen« erfordert, steht hoch im Kurs. Ein Indiz dafür ist die steigende Zahl der Single-Haushalte. Von 1970 bis 1987 gab es eine Zunahme von 59% auf 8,77 Mill.[60] Die getrennten Wohnungen ermöglichen Distanz, Unabhängigkeit und Freiräume, wie sie zuvor kaum möglich waren. Sicherlich spielen hier viele Motive eine Rolle. Ein wesentliches Motiv scheint mir die Möglichkeit zu sein, den Kontakt mit anderen Menschen auf das Vergnügen zu beschränken.

Die Distanz ermöglicht es, die Illusion aufrechtzuerhalten, das Sonntagsgesicht sei auch das Alltagsgesicht, und die Schokoladenseite die einzig wirkliche. Man begegnet sich gut gelaunt, gut geschminkt, und entzieht sich den Niederungen des Allzumenschlichen. Warum sollte man sich auch das zerzauste Haar und das verknautschte Gesicht des Partners ansehen oder sogar das Schnarchen erdulden müssen? Und warum sollte man seine eigenen Schwächen dem anderen aufdecken? Wir wollen uns amüsieren, Spaß aneinander haben; es soll reibungslos funktionieren, also belästigen wir uns nicht!

Eine Seite dieser vergnüglichen Partnerschaft ist die Austauschbarkeit, eine andere das rasante Tempo. Die Austauschbarkeit hat folgenden Grund. Der Partner muß zwei Qualitäten aufweisen. Er muß als Anreiz dienen, und er darf nur die Peripherie der Person berühren. Da die Anreize, die nicht ins Innere der Person dringen, durch Wiederholungen abstumpfen, erfüllt nur *ein* Partner diese Bedingungen, nämlich der neue Partner. Das rasante Tempo hängt damit zusammen, daß das Vergnügen jeden Aufschub der Bedürfnisse ausschließt. Vergnügen besteht darin, daß Bedürfnisse, sobald sie entstehen, sogleich befriedigt werden. Diese Bedingungen erfüllen die sogenannten »Quickies«; damit gemeint sind die »schnellen Nummern«, die, kaum daß man sich kennengelernt hat, absolviert werden.

Es spricht einiges dafür, daß die »Liebe« zum »Religionsersatz« wird, nachdem die Religion als Trostspender in heutiger Zeit ihre Attraktivität verloren hat. Dabei führen die vielfachen Illusionen, die mit Liebe gleichgesetzt werden, zu einem »Glauben«, der an Liebe so hohe Erwartungen stellt, daß diese in keinem Falle zu erfüllen sind. Jenseits aller Ideologien und dem Glauben an Gott gerät die Liebe heute zu einem »süßen Glauben«, an den sich jeder klammert; ein »Glauben«, der übergreifend alle Menschen vereint. Dieser Glaube ist so unerschütterlich, daß alle Illusionen dafür herhalten müssen und nicht auszurotten sind.

»Und es muß sie doch geben«, sagen sich viele von einer großen Liebe wieder mal Enttäuschte und suchen, trotz aller zeitweisen Verzweiflung, dennoch im festen Glauben an das »große Glück« verbissen weiter. Irgendwann, bei einem ganz bestimmten Menschen, den es nur zu finden gilt, werden sich alle Erwartungen erfüllen – so meinen sie.

Mit dem gleichen Glauben werden Lottogewinne herbeigesehnt. Wenn es diese Woche nicht geklappt hat, so »bestimmt« nächste Woche usw. Die situative Unlust darüber, daß es dann doch wieder nicht geklappt hat, wird durch die Lust, die im Versprechen »dranbleiben, einmal klappt's bestimmt« liegt, kompensiert.

Da alle »Lüste« nicht von einem Menschen erfüllt werden, bleibt man Single mit fester Beziehung, die oftmals jedoch nur so lange aufrechterhalten wird, bis ein anderer Partner mehr Lust verspricht. – Die übergroßen Erwartungen, die an Liebe gestellt werden, resultieren daraus, daß Liebe mit Lust gleichgesetzt wird, die dadurch – wie Alkohol oder Zigarettenkonsum – zur Sucht wird. Das Verliebtsein muß deshalb Liebe sein, weil es als Mittel zur Suchtbefriedigung gebraucht wird.

Nach christlicher Tradition verhält es sich mit Liebe und

Lust anders. Die Liebe zu Gott verlangt, daß der Mensch auch das Leid hinnimmt und verkraftet, das Gott ihm zur Läuterung auferlegt; d. h. Unlust zu ertragen, wird vom Menschen geradezu gefordert. Ein Grund für den Niedergang der Religion liegt wohl darin, daß sich ein solcher christlicher Glaube kaum als Lustquelle eignet, vor allem auch, weil die Lust des Paradieses dem Menschen erst nach seinem Tode versprochen wird. Vom Heilbringer »Liebe« erwartet jedermann jedoch die Erfüllung der Lust im Diesseits. Die Tendenz, Liebe mit Lust gleichzusetzen, scheint mir eindeutig ein Resultat unserer Konsumgesellschaft zu sein. Die weiße Wäsche wird zur Lustquelle gemacht, und wenn's dann doch noch nicht weiß genug ist, muß ein »Ultraweiß« her oder ein »weißer geht's nicht«; d.h. die Erwartungen hier wie dort werden durch Enttäuschungen nicht realistischer, sondern nur höher angesiedelt.

Singles »funktionieren« nach dem Muster: Wenn der Lustgewinn, wegen der damit verbundenen übergroßen Erwartung, nicht ständig gegeben ist, dann gilt es zumindest durch Distanz Unlust zu vermeiden. Dabei besteht die Gefahr darin, daß aus einer Bindungsunwilligkeit schnell eine Bindungsunfähigkeit wird. Wer Nähe nicht übt und nicht hautnah erlebt, kann sie bald nicht mehr zulassen und ertragen. Die wachsende Scheidungsrate ist ein Zeichen des wachsenden Unabhängigkeitswillens, zugleich aber auch der wachsenden Unfähigkeit, sich dauerhaft auf einen Partner einzulassen. Eine Selbstverwirklichung in der Lust läßt sich letztlich wohl nur *ohne* einen Partner verwirklichen.

Wahre Liebe ist dagegen nicht in der Isolation, sondern nur in der lebendigen Gemeinschaft mit dem anderen zu entwikkeln. Das Verliebtsein, die symbiotische Vereinigung und ein oberflächlicher Lustkontakt haben mit einer solchen Gemeinschaft nichts zu tun, weil diese ohne Schmerz, Konflikte und Reibereien Illusion bleibt.

Die Motive der Liebesillusion

In diesem Kapitel wollen wir uns mit den Motiven der Illusionen beschäftigen, soweit sie für die Liebe Bedeutung haben und der Frage nachgehen, warum eine großartige und leidenschaftlich begonnene Liebe plötzlich zu Ende ist.

Unter »Motive« sind alle Antriebe des menschlichen Denkens, Fühlens und Handelns zu verstehen, die – wie wir sahen – weitgehend geprägt wurden und sich als Bedürfnisse äußern, dies oder jenes zu tun oder zu unterlassen. Die Motive, die einen Menschen leiten, sind von der Anzahl und ihrer Art her weder zu zählen noch qualitativ zu bestimmen, weil die Persönlichkeit des Menschen seine Motive beeinflußt. Und Persönlichkeit ist immer ein Zusammenwirken von angeborenen und erworbenen Eigenschaften. Was da angeboren bzw. erworben ist, darüber wird in der Wissenschaft immer noch heftig gestritten. Einzelheiten brauchen uns hier aber nicht zu interessieren, denn ob Motive durch angeborene oder erworbene Eigenschaften entstehen, sie wirken gleichermaßen als Antriebe für unser Handeln.

Dabei ist festzuhalten, daß unsere Antriebe uns keineswegs immer richtig handeln lassen, sondern uns oft auch in die Irre führen. Eine ganze Industrie hat es in Form der Werbung auf uns abgesehen, unsere Motive zu ihren Zwecken zu gebrauchen (oder besser: zu mißbrauchen), indem sie Bedürfnisse weckt, die uns zum Kauf bestimmter Produkte veranlassen und verführen. Motive sind also manipulierbar, sowohl von außen als auch aus uns selbst heraus.

Wenn ein Mensch auf der Suche nach Liebe ist, bzw. sich verliebt, bestimmt gleich ein Bündel von Motiven sein Denken, Fühlen und Handeln. Auch diese Motive können den Menschen oftmals irreleiten, und mit den wichtigsten von ihnen wollen wir uns deshalb näher befassen.

Ausgangspunkt allen menschlichen Strebens nach Zuwendung ist wohl der »Hunger« nach Liebe und Sexualität, den die Menschen wie Hunger und Durst als Primärbedürfnis verspüren und befriedigen möchten. Der Hunger nach Liebe ist im Erwachsenenalter um so größer, je größer der Mangel in der Kindheit erlebt wurde. Das führt dann dazu, daß nie *ein* Partner diesen »Hunger« befriedigen kann, sondern daß es immer *mehrere* sein müssen, bzw. in rascher Folge wechselnde Partner. Die zunehmende Tendenz zu sogenannten »Quikkies«, d. h. einer »schnellen Nummer«, die absolviert wird, kaum, daß man sich kennengelernt hat, spricht dafür, daß dieser Hunger immer größer wird. Verwunderlich ist das keineswegs in einer Umgebung, in der 2,3 Mill. Kinder, im Zeichen steigender Scheidungsraten, von *einem* Elternteil erzogen werden, bzw. von Eltern zunehmend weniger Zuwendung erhalten, wenn *beide* Elternteile berufstätig sind.

Die Befriedigung eines solchen »Hungers« wird oftmals mit Liebe verwechselt, führt jedoch in den seltensten Fällen zu einer dauerhaften Liebesbeziehung, weil sich am nächsten Tag bereits wieder Hunger auf etwas Anderes, Neues einstellt. Satt ist man nach dem Stillen eines Hungergefühls eben immer nur für kurze Zeit.

Gleichrangig neben dem Hunger, bzw. ihn begleitend, steht als starkes Motiv die Lust. Und diese Lust will heutzutage möglichst noch in dem Augenblick, wo sie in uns entsteht bzw. von uns verspürt wird, befriedigt werden. Und so »befriedigt« man sich aneinander und miteinander, ohne wirklich befriedigt zu sein. Und auch das versteht man vielfach als Liebe.

Zu diesem Lust-denken in der Liebe werden wir durch unsere Konsumgesellschaft verführt. Wo früher für die Befriedigung einer Lust, auf eine Reise oder Anschaffung, gespart, d. h. eine Entsagung in Kauf genommen werden mußte, steht heute ein Kleinkredit wohlfeil zur Verfügung, der uns manchmal sogar aufgedrängt wird. Wenn das alles so einfach geht, warum nicht auch in der Liebe, sagen sich viele Menschen. Kein Wunder, daß sich Gespräche zwischen Mann und Frau, die einen Abend miteinander verbringen, ungeniert nach dem gleichen Muster abspielen, wo *sie* oder *er* sagt: »Ich habe Lust, mit dir zu schlafen. Da ist nichts mehr zu verspüren von der Sehnsucht nach dem ersten Kuß oder dem ersten Du, sondern die Lust will konsumiert werden.

Daß ich durch die bloße Befriedigung von »Hunger« oder Lust zu echter Liebe finde, ist eine Illusion. Doch gerade in der Liebe, oder besser: bei dem, was wir für Liebe halten, bestimmen Illusionen weitgehend unser Denken, Fühlen und Handeln, wie wir im vorhergehenden Kapitel sahen.

Was ist eigentlich eine Illusion? Wörtlich: Eine Einbildung, ein Bild, das in meiner Vorstellung existiert, und keinen realen Hintergrund besitzt. Wir haben uns in einem der früheren Kapitel mit Utopien befaßt, die solche Illusionen als ganze Weltordnungen ausgearbeitet haben. Auch Idealen haftet, wie wir gesehen haben, etwas Illusionäres an, weil sie so gut wie nie zu erreichen oder zu verwirklichen sind. Illusionen haben andererseits etwas Visionäres und Tröstliches an sich und von daher ihre Berechtigung. Der Mensch jedoch, der nur aus und für seine Illusion lebt, ist der Wirklichkeit entrückt, ja, er leugnet sie. Die Illusionen, denen wir in der Liebe begegnen, haben mit Realitätsverleugnung sehr viel zu tun, und wir werden noch sehen, warum das so ist.

Betrachten wir den der Liebe verfallenen Menschen. Er sieht darin, d. h. im anderen, das Spiegelbild seiner selbst, ein Ideal, das er schon immer verwirklichen wollte, und das er nun endlich erreicht zu haben glaubt. Daß er mit Inbrunst daran glaubt, das Ideal gefunden zu haben, vor allem, wenn es sich um Liebe auf den ersten Blick handelt, in der er zudem das Wirken des Schicksals sieht, ist uns allen wohl verständlich, weil nachvollziehbar. Ob das scheinbar erreichte Ideal eine Illusion ist, sieht der Liebende als unbedeutend an. Im Gegenteil: Für ihn ist die Illusion Realität, und ob er aus der Illusion zurück in die Realität fällt, ist ihm im Zustand des Verliebtseins gleichgültig. Dieser rauschhafte Zustand – das Ideal im geliebten Partner vermeintlich zu sehen – beseelt den Liebenden und läßt ihn alles andere vergessen. Allerdings ist der Sturz aus der Illusion in die Realität schmerzlich, falls sich das Ideal seinen Erwartungen und Ansprüchen als nicht gerecht erweist, wie Liebende das oftmals erleben.

Die Illusion als solche hat etwas Erotisches an sich, das der Mensch gerne genießen möchte. Unsere idealen Vorstellungen von der Liebe lassen solche Illusionen gedeihen, und trotz

Enttäuschung wollen wir sie uns nicht nehmen lassen. Bei nächster Gelegenheit glauben wir mit gleicher Inbrunst daran, jetzt aber endgültig unser Ideal gefunden zu haben. Mit dieser Selbsttäuschung, die wir Menschen in unserem Leben, und speziell in der Liebe, zum Prinzip erheben, werden wir uns im weiteren Verlauf des Kapitels noch näher beschäftigen.

Bleiben wir vorerst noch bei den Motiven, die unser Denken, Fühlen, Handeln in der Liebe bestimmen. Der Hauptgrund, warum wir uns in der Liebe so gern an Illusionen klammern, liegt in den Ängsten, die unser Leben bestimmen. Die größte Angst des Menschen ist wohl die Angst vor der Einsamkeit. »Und Gott Jahwe sah, es ist nicht gut, daß der Mensch allein sei.« Welch weise Erkenntnis, die für uns heute immer noch Motiv unseres gesamten Handelns in der Zweierbeziehung darstellt. Selbst junge Mädchen beschäftigt die Einsamkeit, wie das folgende Gedicht[61] zeigt:

Es gibt so viele Stunden der
Einsamkeit in meinem Leben.
Viele Tage, in denen ich mich so
verlassen fühle.
Nächte, in denen ich wach liege
und über dieses Elend nachdenke.
Wenn Du in meine Augen sehen
könntest, wieviel Trostlosigkeit
in ihnen geschrieben steht!

Keine Hand, die mich festhält,
wenn ich Halt suche,
kein bißchen Harmonie,
die mich erfreuen würde.
In manchen Augenblicken glaube
ich zu versinken, und ich fühle
mich so schwach.

Was tun wir nicht alles, um nicht allein zu sein? Wir verabreden uns mit Leuten, die uns eigentlich gleichgültig sind, wir laden ein oder lassen uns einladen, und sind von Leuten umgeben, die wir ablehnen – nur weil wir nicht allein sein wollen. Geht man in Kneipen, so begegnet man den »einsamen Wölfen«. Sie sitzen vor ihrem Bier, starren vor sich hin und nerven höchstens die Barfrau mit ihrem Frust. Und dann versuchen sie alle, etwas Wärmendes für die Nacht zu finden. Die Einsamkeit, die sich hier zeigt, trifft erstaunlicherweise nicht nur auf Männer zu, sondern in gleichem Maße auch auf Frauen. Der Einsamkeit möchten eben Mann und Frau gleichermaßen ausweichen. »Es ist nicht gut, daß der Mensch allein sei.« Und wenn Mann/Frau sich dann finden, tritt der Teufelskreis von Illusion und Selbsttäuschung in Kraft, den wir weiter oben bereits beschrieben haben, denn Vereinsamung macht verbittert, während die Illusion etwas Tröstliches hat. Die Vereinsamung läßt uns resignieren und uns kleiner erscheinen, als wir sind. Illusionen dagegen blähen uns und unsere Persönlichkeit auf.

Woher rühren die Ängste? Freud sah die Ursachen von Angst vorwiegend in Triebkonflikten, Kastrationsangst, Gewissensangst oder in Trennungsangst. In seiner Arbeit »Hemmung, Symptom und Angst« äußerte er die Ansicht, daß Angst einerseits durch Kastrationsangst, andererseits durch »die Gefahr des Objektverlustes« entsteht. »Die erste Angstbedingung, die das Ich selbst einführt, ist also die des Wahrnehmungsverlustes, die der des Objektverlustes gleichgestellt wird.«[62] Die Angst wird nach Freud übermächtig, wenn das Kind die Mutter als Schutz gegen alle Situationen der Hilflosigkeit nicht aufgibt.

In der Literatur finden sich überwiegend Schilderungen, in denen der ängstliche Mensch in der Kindheit unter mangelnder Liebe, einem Trauma oder unter schwerer Frustration gelitten hat. Martin Balint[63] spricht von der »Grundstörung«, die in dem Patienten dadurch entstanden ist, »weil jemand ihn enttäuscht hat oder seinen Verpflichtungen ihm gegenüber nicht nachgekommen ist«. Neben der einseitigen Traumatheorie für die Entstehung von Ängsten und Angstkrankheiten steht die differenziertere Auffassung, daß einerseits »nachlässiges, unangemessenes, feindseliges oder zu geringes Bemuttern einem Kind schadet«. Andererseits meint R. J.

Stoller[64], hat aber »selbst die Forschungsarbeit bedeutender analytischer Theoretiker... uns nicht eindrücklich genug auf den starken Einfluß hingewiesen, den übermäßige Verwöhnung auf gewisse Aspekte der Entwicklung ausüben können. Die ursprünglich gute Mutter-Kind-Symbiose kann die Entwicklung nicht nur fördern, sondern auch gefährden.«

Wie dem auch sei und worin immer die Ursachen der Entstehung von Angst zu sehen sind, festzuhalten ist: Angst verändert unser Denken, Fühlen und Verhalten. Angst bewirkt im Verhalten Angriff, der sich bei Menschen, die versuchen, ihre Angst zu kompensieren, z.B. in besonderem »Mut« äußert. In der Liebe sind das dann die Männer, die eigentlich zwar Angst vor Frauen haben, aber ständig auf Eroberungen aus sind und dabei einen für andere erstaunlichen Mut entwickeln. Sie sprechen Frauen in Gegenwart ihres Freundes oder Ehemannes an, flirten mit ihnen, ohne dabei Hemmungen zu zeigen.

Ein zweites charakteristisches Verhalten bei Angst ist die Flucht; d.h. man zieht sich vor der angstauslösenden Situation zurück. Auch ein solches Verhalten ist bei Männern zu beobachten, die ihre Angst vor Frauen durch Angriff auf Frauen kompensieren. Haben sie die Frau erobert, und ist diese zur Hingabe bereit, so läßt sie sie plötzlich völlig kalt, und sie wenden sich ab. Schien der Mann vorher auf nichts so sehr aus zu sein wie auf einen sexuellen Kontakt, so wird Sexualität und Nähe plötzlich abgelehnt. Kommt es dennoch dazu, so reagieren solche Männer oftmals mit Impotenz.

Für unser Thema, der Angst als Motiv unseres Denkens, Fühlens und Handelns in der Liebe ist die dritte Verhaltenstendenz bei Angst die wichtigste: Angst bewirkt Bindung. Sofern Gefahr auftritt, tendieren wir danach, uns an einen sicheren Ort zu flüchten, falls wir uns nicht für den Angriff entschieden haben. Dabei finden wir Sicherheit in jedem Fall bei der Mutter und bei der Familie. Beide stellen einen Hort der Zuflucht dar, den man bei Gefahr jederzeit aufsuchen kann. Aus der Verhaltensforschung ist der Begriff der »Angstbindung« bekannt, wozu Irenäus Eibl-Eibesfeldt in seinem Buch »Liebe und Haß« ausführt: »Schutzsuche ist eines der mächtigsten Motive für den Anschluß an den Artgenossen... Höhere Wirbeltiere suchen zunächst bei der Mutter Zuflucht. Bei Pavianen sucht das Junge in den ersten Lebensmonaten immer die Mutter auf, später Schutz auch bei anderen ranghohen Erwachsenen. Findet sich kein Ranghoher, dann können zwei Jungtiere oder zwei Erwachsene sich zueinander flüchten. Ursprünglich ist das Fluchtziel aber immer die Mutter; an sie klammert sich das Äffchen an und saugt bisweilen auch zur Beruhigung an ihrer Brust... Die beruhigende Wirkung der Mutter läßt sich auch durch Attrappen erzielen. Isoliert aufgezogene Rhesusäffchen flüchten, wenn man sie ängstigt, auf ein mit Stoff bespanntes Drahtgestell und klammern sich dort fest. Menschenkinder beruhigen sich, wenn man ihnen einen Schnuller gibt, und sie halten zum Einschlafen gern weiche Gegenstände wie Teddybären oder Wolldecken in der Hand... Sobald das Kind krabbeln oder laufen kann, strebt es, wenn es durch irgend etwas beunruhigt ist, zur Mutter und klammert sich an ihr fest.

...Was für die Maus das Mauseloch und für den Korallenfisch die Deckung im Riff ist, ist in den vorgenannten Fällen der Artgenosse. Er bietet Deckung und Schutz und gewinnt damit gewissermaßen Heimvalenz. Das ist ganz sicher eine Wurzel des Kontaktstrebens. Der Artgenosse wird zum Fluchtziel, seine Nähe bedeutet Geborgenheit. Daher gelingt es über eine Angstmotivierung, die Bindung an ein Gruppenmitglied zu festigen.«[65]

Wenn Eltern ihre Kinder zu ängstlich erziehen, so werden sie übermäßig an das Elternhaus gebunden. Wie sich das vollzieht, wurde uns allen im Kinderlied »Hänschen klein« vorgesungen, und viele von uns haben es auch heute noch verinnerlicht, wenn es darin heißt: »...aber Mutter weinet sehr, hat jetzt gar kein Hänschen mehr. Doch das Kind sich besinnt, läuft nach Haus geschwind.«

Wohin Hänschen läuft, wenn es groß geworden ist, ist aus der Verhaltenstherapie vielfach belegt: Es verliebt sich in die Frau, in der es seine Mutter wiederzufinden glaubt, die ihm Schutz und Hilfe gewährt. Dies ist natürlich eine Illusion, die jedoch ein starkes Motiv für »Liebe« ist. Die Illusion dient in diesem Fall der Angstbewältigung.

Da viele Frauen solche »Hänschen« gerne bemuttern, schließt sich der illusionäre Kreis in einer vermeintlichen Harmonie. Zwei Liebende, die zueinander gefunden haben, »wiegen« sich im wahrsten Sinne des Wortes in Harmonie und betrachten diese als Beweis ihrer Seelenverwandtschaft. Eine Selbstprüfung findet nicht statt, wahrscheinlich ebenfalls aus Angst, die schöne Harmonie und Eintracht zu zerstören. Man redet jedoch nicht nur nicht miteinander und über die Beziehung, sondern Kennzeichen einer solchen illusionären Harmonie ist eine mehr oder weniger bewußt in Kauf genommene Blindheit. Sätze wie: »Wir harmonieren blind« oder »Wir verstehen uns blind« sprechen dafür, daß die Realität mit Absicht ausgeklammert wird. Wenn die Illusion eine solche Macht über zwei Menschen gewinnt, ist natürlich kein Platz für eine realistische Auseinandersetzung zwischen ihnen.

Wie aus Illusionen vermeintlich Liebe wird, zeigen Beobachtungen bzw. Aussprüche von Liebenden, die »ein Herz und eine Seele« sind. Darin kommt das romantische Ideal der Liebe zum Ausdruck, in der zwei Seelen ineinanderfließen müssen, wenn Liebe im Spiel sei. Was der eine denkt, denkt der andere, was der eine will, will der andere. Für eine Zeitlang hat die Illusion der Harmonie eine solche Macht, daß es tatsächlich so scheint, als existierten keinerlei unterschiedliche Bedürfnisse. »Ich bin Du, und Du bist Ich.« Eine herrliche (?) Vorstellung, die nur den Nachteil hat, daß sie – weil eine Illusion – im Leben leider (!) keinen Bestand hat.

Der Verlust der eigenen Individualität wird von zwei Liebenden dagegen als höchstes Zeichen ihrer »unsterblichen Liebe« angesehen. Ganz im anderen zu versinken und keinen eigenen Gedanken mehr zu haben – wie herrlich. »Oh Augenblick, verweile doch, du bist so schön« möchte man mit Goethe[66] sagen.

Liebende leben – wie wir sahen – im Zustand der »Symbiose«. Das Wort stammt aus dem Griechischen und heißt: Zusammenleben. Ursprünglich wurde der Begriff in der Biologie verwandt und bezeichnet dort das Nebeneinanderleben zweier artfremder Lebewesen zu beidseitigem Nutzen und Vorteil. – Beim Erwachsenen verstehen wir unter dem Begriff Symbiose das Füreinander-Dasein und das Ineinander-Verschmelzen. Es ist genau das Glücksgefühl, welches wir empfinden, wenn wir uns mit einem Partner gut verstehen und mit ihm harmonieren. Wir Menschen brauchen diese Zustände des Glücklichseins, um neue Kraft zu schöpfen und um Freude am Leben zu haben. In derartigen Situationen fühlen wir uns geborgen und aufgehoben, wohlig und entspannt.

Die Symbiose ist also wichtig für unser Wohlergehen und am Anfang notwendig für die Festigung einer Beziehung. Wenn aber Angst das treibende Motiv ist, aus dem heraus zwei Menschen die Symbiose aufrechterhalten, ohne sich daraus lösen zu können, weil sie in einer symbiotischen Vereinigung den einzigen Sicherheitsanker sehen, liegt die Gefahr der Illusion nahe, auf der sich keine dauerhafte, liebevolle Partnerschaft aufbauen läßt. Wenn Liebe und Partnerschaft scheitern, liegt der Grund wohl immer darin, daß sich entweder einer oder beide zu große Illusionen gemacht haben.

Die Illusion, daß Liebe nur mit Lust verbunden sei, schließt Unlust absolut aus. Stellt sich diese ein, so wird dies sehr bald als Zeichen mangelnder Liebe angesehen. Wie wir aber bereits früher gesehen haben, bedingen sich Lust und Unlust im Spannungsfeld des Lebens. Das eine ist immer nur auf dem Hintergrund des anderen zu erleben und zu empfinden. Genauso verhält es sich mit dem »Kribbel-Gefühl«, das als untrügliches Zeichen »wahrer Liebe« angesehen wird. Läßt dieses Gefühl nach einiger Zeit nach, oder verschwindet es ganz, so ist damit nach Ansicht von Liebenden, die das »Kribbel-Gefühl« zum Kriterium ihrer »Liebe« machen, die Liebe »gestorben«. Die Ernüchterung, mit der wahre Liebe auch fertigwerden muß, wird nicht verkraftet, sondern was bleibt, sind Enttäuschung, Resignation, Verbitterung und Einsamkeit.

Junge Menschen trifft dieser Wechsel von Illusionen und Desillusionierung am härtesten, wie Gedichte[67] von ihnen zeigen:

Hoffnung und Liebe sind wie Schnee:
Zuerst strahlend hell und rein,
ein weicher Schutzmantel,
doch dann zertreten und grau,
gefährlich rutschig,
und am Ende einfach nur häßlich.

Oder ein anderes Beispiel[68], aus dem die ganze Traurigkeit einer enttäuschten Liebe spricht:

Ein kleiner Teddy ist alles,
was mir von Dir geblieben ist.
Sein weißes Fell ist mit der Zeit
ganz grau geworden,
seine schöne Form ganz verknautscht.
Das rote Schleifchen
schief und faltig,
die leuchtenden Augen
stumpf und traurig.
Genau wie der kleine Teddy
bin ich geworden,
traurig, verknautscht, faltig,
mit stumpfen, traurigen Augen
– seitdem Du mich verlassen hast.

Erstaunlich ist, daß in diesen und weiteren Texten von jungen Menschen lediglich der Ist-Zustand beschrieben wird; d. h. die Enttäuschung wird festgestellt, ohne in ihren Gründen erkannt zu werden. Warum das so ist, warum wir alle uns nur schwer eingestehen wollen, daß wir einer Illusion hinterhergelaufen sind und uns getäuscht haben, werden wir im weiteren Verlauf des Kapitels noch näher behandeln. Bleiben wir im Augenblick noch bei der Frage, warum Illusionen der Tod der Liebe sind.

Zwei Liebende leben nur für ihre Liebe und sehen auch nur ihre Liebe, d. h. sie sehen nur *ein* Segment der Realität. »Realität« bedeutet, die Tatsache zu akzeptieren, daß auch in der Liebe zwei Menschen zwei Individuen bleiben mit all ihren unterschiedlichen Eigenschaften, Vorstellungen, Wünschen und Bedürfnissen. Die Vorstellung, »ein Herz und eine Seele zu sein«, würde dagegen bedeuten, daß zwei gleich große Kreise zu einem einzigen verschmelzen, wenn man sie übereinanderlegt. Bei einer noch so großen Übereinstimmung in den Eigenschaften, Vorstellungen, Wünschen und Bedürfnissen ist es jedoch Realität, daß zwei Menschen immer nur in einem Teil davon übereinstimmen; im weitaus größeren Teil bleiben sie Individuen, die einander fremd sind. Die Liebe sieht jedoch nur die Übereinstimmung und nicht das Unterschiedliche und damit Trennende.

Die Illusion, »eins zu sein«, schließt von vornherein die Chance aus, daß in der Liebe zwei Individuen zueinanderfinden, weil die Chance, sich über das Trennende zu finden, von vornherein ausgeschlossen wird. Deshalb liegt der Hauptgrund, warum Illusionen so oft der Tod der Liebe sind, darin, daß sich zwei Menschen aufgrund ihrer Illusionen einfach nicht kennenlernen (wollen). Weil nur die Harmonie gesucht und die Disharmonie gescheut wird, heißt das Endergebnis dann sehr oft: »Wir verstehen uns nicht (mehr)« – und dann trennt man sich, und jeder geht seiner Wege. Daß einseitige oder beiderseitige Illusionen Grund für die Trennung sind, gesteht sich niemand ein bzw. es vermag niemand, das einzusehen. Woran liegt das?

Der Grund, warum wir alle uns allzugern Illusionen hingeben, liegt in der Selbsttäuschung bzw. im Selbstbetrug, die als Motive unseres Denkens, Fühlens und Handelns wirken. So wird z. B. eine Frau die Tatsache, daß ihr Mann eine Geliebte hat, mit Vehemenz abstreiten und nicht daran glauben wollen. Im Gegenteil: Im Glauben (der Illusion) an die Liebe ihres Mannes, bzw. verständlicher: Aus der Liebe zu ihrem Manne wird sie alles tun, eine solche Tatsache zu leugnen und sie als unwirklich zu verdrängen. Auf der Basis eines solchen Selbstbetruges »funktionieren« viele Partnerschaften.

Ein anderes Beispiel: Die Mutter, die erfährt, daß ihr Sohn zum Mörder wurde, wird diese Tatsache lange oder überhaupt nicht zur Kenntnis nehmen. »Mein Sohn kann so etwas nicht getan haben, er war doch immer ein guter Junge.«

Die Erklärung für ein solches Denken und den darin zum

Ausdruck kommenden Selbstbetrug liegt in der »Rettung« des Selbstbildes und Selbstwertgefühls, die Basis unserer Persönlichkeit sind. Im Falle der intakten Persönlichkeit lautet unser Selbstbild und Selbstwertgefühl: »Ich bin gut, tüchtig, liebevoll und liebenswert, usw.« Eine Frau, deren Mann eine Freundin hat oder zum Alkoholiker wird, müßte ihr Selbstbild entsprechend korrigieren und akzeptieren, daß sie eben nicht gut, tüchtig und liebevoll war oder ist. Und wer kann das schon so ohne weiteres! Das Selbstbild will solche Tatsachen nicht zur Kenntnis nehmen, es leugnet die Realität, verdrängt sie und flüchtet sich in Illusionen.

Im Normalfall führt schon die Tatsache, von einem Partner verlassen zu werden, zu immensen Belastungen des Selbstwertgefühls, die nur durch starke Gegenkräfte aufgefangen werden können. Depressions- oder aufkommende Einsamkeitsgefühle wehrt der oder die Betreffende ab, indem er die Schuld auf den oder die andere schiebt, nach dem Motto: »Er/sie war meiner nicht wert« oder »Er/sie hat meine Werte nicht erkannt.« Dadurch entzieht sich der oder die Betreffende der Notwendigkeit, sein bis dahin positives Selbstwertgefühl korrigieren zu müssen. Und ohne ein positives Selbstwertgefühl könnten wir nicht leben.

Negativerfahrungen, die unser Selbstwertgefühl berühren, lösen in uns sofort Ängste aus, die uns in unserer Existenz bedrohlich werden können. Gegen diese Ängste stellen wir die Liebe, oder was wir dafür halten, klammern uns wie an einen Strohhalm daran, auch wenn es sich um eine Illusion handelt, und wiegen uns in Sicherheit. Dies alles sind Mechanismen der menschlichen Psyche, die berücksichtigt werden müssen. Deshalb ist es zu einfach zu sagen: nur ohne Illusionen und Selbsttäuschung kann Liebe Bestand haben, ohne einen Ausweg aus diesem Dilemma aufzuzeigen.

In einem früheren Kapitel haben wir bereits darauf hingewiesen, daß Liebende sich lediglich mit dem »Blitz« beschäftigen, den sie beim Erlebnis der »Liebe auf den ersten Blick« verspüren. Dabei sagten wir bereits, daß es gefährlich ist, sich nicht auf den dem Blitz folgenden Donner einzustellen, sondern so zu tun, als gäbe es ihn nicht. Doch genauso wie in der Natur, ist auch in der Liebe der Donner ein Naturgesetz.

»Donner« meint – im übertragenen Sinne –, daß sich Verliebte nach dem ersten Rausch über ihre unterschiedliche Individualität klarwerden müßten, die unausweichlich aufeinanderstoßen und zu Auseinandersetzungen führen muß. Unter Berücksichtigung der Tatsache, daß sich zwei Menschen, auch wenn sie sich noch so sehr lieben, nur in einem geringen Teil ihrer gesamten Anlagen gleichen und darin übereinstimmen, sollte die Auseinandersetzung gesucht statt vermieden werden. Das würde bedeuten, daß die am »Blitz« entzündete Liebe am »Donner« reifen könnte; dann nämlich, wenn beide Partner sich mit der Unterschiedlichkeit ihrer Persönlichkeit beschäftigen würden, statt eine gleichförmige Harmonie zu suchen und zu goutieren. Die Beschäftigung mit der Persönlichkeit des geliebten Partners könnte, auf der Basis einer echten gefühlsmäßigen Bindung, dann zu einer Akzeptanz führen, die weitgehend frei von Illusionen ist und die der Liebe Bestand sichert. Mit den Bedingungen der Liebe, die für eine solche Akzeptanz berücksichtigt und anerkannt werden müssen, wollen wir uns im nächsten Kapitel beschäftigen.

Die Bedingungen der Liebe

Wie wir gesehen haben, ist das Verschmelzen von zwei Menschen in Liebe eine Illusion, weil zwei Menschen trotz Liebe ihre Individualität nicht verlieren können. Wenden wir uns also der Realität der Liebe zu und fragen uns, welche Bedingungen Liebe stellt.

Wenn zwei Menschen in Liebe zueinanderfinden, so bedeutet Individualität, daß unterschiedliche Stärken und Schwächen, Anlagen und Eigenschaften zusammenkommen. Zwei Menschen mögen sich zwar in ihren Ansichten und Neigungen in hohem Maß gleichen, in ihren Anlagen und Charaktereigenschaften und Bedürfnissen sind sie jedoch unterschiedlicher, als es auf den ersten Blick den Anschein hat. Auch »verwandte Seelen« sind eben nur verwandt und nicht identisch wie Zwillinge.

Was führt denn nun zwei Menschen wirklich zueinander, und was hält sie zusammen? Der Blitz kann es ja wohl auf die Dauer nicht sein, da er nach einem grellen Aufleuchten schnell wieder erlischt. Wenn es um eine dauerhafte Beziehung geht, scheint mir dafür unbedingt Hingabe erforderlich, weil Hingabe nicht momentan ist, sondern von sich aus etwas Dauerndes und Ausdauerndes besitzt. Als Autor zögere ich jedoch, das Wort »Hingabe« überhaupt zu benutzen, ob der zu befürchtenden Schmähungen. Welche Frau will heute noch eingestehen, daß sie sich hingeben möchte oder hingegeben hat. Das gilt im Zeitalter des Feminismus als schmachvolle Unterwerfung unter die Macht des Mannes. Daß andererseits ein Mann von »Hingabe« reden würde, ist noch weniger denkbar. Zu Zeiten der angeblichen Unterdrückung der Frau durch den Mann dachten die Frauen über Hingabe noch anders, wie das »Hohelied der Liebe Salomonis«[69] beweist, in dem die Braut sagt:

> Zu eigen bin ich dem Geliebten, bin für ihn da,
> Und sein Verlangen wendet er mir zu.

Komm mein Geliebter, nun und laß uns gehn:
Hinaus ins freie Feld.
Im Grünen wollen wir verweilen.
Laß uns am frühen Morgen in den
Weinberg steigen.
Wir wollen sehn, ob schon der Wein aufsprießt,
Ob schon die Blüten sich zu Früchten wandeln,
Ob der Granatenbaum schon duftet.
Dort will ich dir dann meinen Leib hingeben,
Dort, wo der Liebesapfel herrlich riecht.
Der Früchte Fülle findest du vor unsrer Tür:
Und allesamt, die frischen wie die alten,
Hab ich für dich, Geliebter, aufgespart.

Unter »Hingabe« verstehe ich nicht nur eine körperliche Hingabe im Sexuellen, sondern einen Prozeß, der die Gesamtpersönlichkeit umfaßt. Was heißt das? Die Persönlichkeit eines Menschen manifestiert sich im *Ego*, in dem die Ansichten und Einstellungen zu mir und meiner Umwelt niedergelegt sind. Insofern funktioniert das *Ego* immer nur in Abgrenzung zum *Du*. Und das ist das Charakteristische des Ego, bzw. *Ich*-Bewußtseins: Es kapselt sich ab und gewinnt seine Identität aus der Abgrenzung.

In der Liebe ist mit »Hingabe« ein Prozeß gemeint, der diesen Absonderungstendenzen entgegenläuft und der deshalb Hingabe so schwierig macht. Denn nur, wenn das *Ich* das *Du* an sich heranläßt, sich dem *Du* öffnet und es hereinläßt, kann man von echter Hingabe sprechen. »Ich gebe mich *Dir* hin« meint, daß ich die Schranken, die ich um mich errichtet habe, niederreiße, mein *Ich* durchlässig mache und Strebungen des *Du* auf mich einwirken lasse. Im Idealfall würde dadurch tatsächlich eine Verschmelzung von zwei Seelen erreicht; aber wie gesagt – nur im Idealfall.

In jedem Falle ist für die Liebe ein hoher Grad von Hingabe erforderlich, weil Hingabe die Voraussetzung für Anpassung ist, ohne die zwei Individuen auf Dauer nicht miteinander auskommen können. Wenn für jemanden Hingabe ein Begriff mit negativer Bedeutung ist, so ist dadurch bereits seine Bereitschaft zur Hingabe in der Liebe erschwert. Das *Ego* schottet in einem solchen Fall die Individualität so stark ab, daß alle Kontakte zum *Du* begrenzt bleiben.

Hingabe zeigt sich im Leben darin, daß ich meine Einstellungen, Wünsche und Bedürfnisse nicht zum Maß der Beziehung mache und mein Glück danach bemesse, inwieweit diese meine Ansprüche befriedigt werden, sondern daß ich mein Glück und meine Zufriedenheit daraus gewinne, wie sehr ich die Wünsche und Bedürfnisse des anderen befriedige. Das *Ego* ist egoistisch, während Hingabe altruistisch ist. Doch wer kann das schon, da Liebe heute, wie wir im letzten Kapitel ausführten, weitgehend als egoistische Lustbefriedigung verstanden wird. Hingabe erhebt keine Forderungen und stellt keine Bedingungen; sie ist unbedingte Liebe.

Je weniger Hingabe ein Partner gewähren kann, um so mehr Angst hat er, sein Liebesobjekt zu verlieren. Aus der Angst heraus werden Bedingungen gestellt, wie z. B.: »Wenn du mich wirklich lieben würdest, würdest du das und das tun, mir diesen oder jenen Wunsch erfüllen, heute abend nicht mit deiner besten Freundin ausgehen« usw., usw. Ein mürrisches Gesicht genügt meistens schon, um dem anderen zu signalisieren, daß er sich nicht wunsch- oder bedingungsgemäß verhält. All diese »Spiele« kennen wir aus eigener oder aus Beobachtungen fremder Partnerschaften.

Angst ist auch die Grundlage der Eifersucht. Wie wir an früherer Stelle ausgeführt haben, gehört eine »gesunde« Eifersucht bis zu einem bestimmten Ausmaß durchaus zur Liebe, weil wir das Ideal der totalen, d. h. der bedingungslosen Hingabe in der Liebe wohl nie erreichen werden. In einer Beziehung ohne Hingabe gerät das *Ego* jedoch in panische Angst. Die Symptome solcher panischen Angst sind dann eine kranke Eifersucht, totale Anhängigkeit oder Hörigkeit und ein besitzergreifendes Klammern. Daß diese Angst zum Tod der Liebe führen muß, brauchen wir wohl nicht weiter auszuführen.

Hingabe läßt sich im Normalfall durchaus lernen, insbesondere aus dem Gefühl heraus, »gebraucht zu werden«. Was heißt das? Ich glaube, daß es für uns Menschen existentiell notwendig ist, gebraucht zu werden, uns für etwas einzusetzen, uns zu engagieren; kurz: uns mit Hingabe einer Sache zu widmen. Auf diesem Gefühl basiert die Sinnhaftigkeit unseres Lebens. Nicht, oder nicht mehr gebraucht zu werden, führt zu einem Sinnverlust und zu einem manchmal schnellen Ende, wie uns die Beispiele von älteren Menschen zeigen, die aus der Berufstätigkeit ausscheiden und dann feststellen, daß ihr Leben plötzlich ohne Sinn ist.

Um so mehr suchen deshalb viele den Sinn in ihrer Partnerschaft: Sie möchten darin gebraucht werden. Aus vielen Gesprächen mit Paaren, die kurz vor ihrer Trennung standen, weiß ich, daß nicht der Mangel an sexueller Attraktivität oder fehlender Zärtlichkeit zur Entscheidung für eine Trennung führt, sondern vielmehr das Gefühl: der oder die andere braucht mich nicht mehr. Wenn diese Gefühlsentscheidung erst einmal gefallen ist, läßt sich die Partnerschaft in den seltensten Fällen retten, weil das, was Liebe ausmacht, erloschen ist bzw. vielleicht nie vorhanden war.

Was bedeutet denn nun das Bedürfnis, »gebraucht« zu werden, und wie unterscheidet es sich von »mißbraucht« zu werden? Gebraucht zu werden bedeutet in erster Linie, für den anderen dazusein, mir seine Probleme zu eigen zu machen, ihn zu ermuntern, zu stützen, aufzufangen. Insofern kann das Gefühl, in einer solchen Weise »gebraucht zu werden«, etwas Schönes, Befriedigendes sein und den Rausch einer Leidenschaft adäquat ersetzen. Das Gefühl »gebraucht zu werden« werde ich jedoch nur haben, wenn es mir der andere vermittelt, und dazu ist ein Sich-öffnen und Loslassen eine für das *Ego* notwendige Voraussetzung. Bei den Schwierigkeiten im Umgang mit Emotionen, wie sie Männer oftmals haben, fällt diesen ein solches Sich-öffnen besonders schwer. Deshalb klagen so häufig Frauen darüber, daß ihnen ihr Partner dieses Gefühl »gebraucht zu werden« nicht vermittelt, sondern daß sie sich eher »mißbraucht« fühlen, wo sie sich »gebraucht« fühlen möchten.

Für eine dauerhafte Beziehung ist jedoch eine wechselseitige Vermittlung des Gefühls »Ich brauche dich« Voraussetzung, weil sonst sofort das negative Gefühl eines Mißbrauchs entsteht. Hingabe, mit der Öffnung zum *Du*, macht das *Ego* sensibel und verletzlich, weil darin ein unkalkulierbares Wagnis liegt. Wer sich einmal voller Vertrauen hingegeben hat und dabei mißbraucht wurde oder mißbraucht fühlte, wird dieses Wagnis in Zukunft mit größerer Vorsicht eingehen und sich bei wiederholten negativen Erfahrungen ganz verschließen.

Mißbraucht fühlt sich das *Ego* immer dann, wenn das partnerschaftliche *Du*, ohne Rücksichtnahme auf die Bedürfnislage des *Ego*, stets nur seine eigenen Bedürfnisse befriedigen möchte, vielleicht noch mit dem Forderungsverhalten: Du hast gefälligst für mich dazusein, wann immer ich dich brauche, aber laß mich gefälligst in Ruhe. Ein solches »Spiel« vollzieht sich in vielen Beziehungen, in denen ein Partner z. B. in einer belastenden beruflichen Auseinandersetzung steht, abends einen »seelischen Mülleimer« braucht, und sich der Sorgen und Probleme einer Haushaltsführung und Kindererziehung anzunehmen ablehnt. In der sexuellen Beziehung wird das Problem noch rascher deutlich, wenn stets einer der Partner sich auf Kosten des anderen befriedigt, d. h. ohne auf die Bedürfnisse des anderen in irgendeiner Weise einzugehen. Auch auf diesem Gebiet beklagen Frauen in der Beratung häufiger ein egoistisches Verhalten ihrer Männer als umgekehrt. Daß Frauen dadurch die Lust an der Liebe verlieren, weil sie sich als Lustobjekt mißbraucht fühlen, wundert dann viele Männer über die Maßen.

So schön es wäre, wenn in einer Beziehung beide Partner in gleicher Weise hingabefähig und hingebungsvoll wären, so verschieden ist die Realität. Die Hingabe zweier Menschen ist in den häufigsten Fällen ungleich, d. h., der eine ist dazu mehr bereit oder fähig als der andere. Aus dieser Diskrepanz entsteht die Sehnsucht, die zur Liebe gehört wie das Salz in der Suppe. Sehnsucht bedeutet immer Unerfülltheit, das Bedürfnis nach mehr; nach mehr Nähe, Wärme und Zärtlichkeit, als sie der Partner zu geben vermag. Unerfüllte Sehnsucht ist durchaus ein Zeichen von Liebe, weil die Erfüllung aller gegenseitigen Wünsche und Bedürfnisse nur als Illusion existiert und außerdem in die Banalität führen würde. Was wären Romeo und Julia, wenn sich ihre Liebe erfüllt, sie geheiratet und Kinder bekommen hätten? Absolut kein Fall für die Weltliteratur und kein Beispiel für eine große Liebe. Unerfüllte Sehnsüchte gehören also durchaus zur Liebe dazu; sie sind einerseits ein Mangelerlebnis, geben andererseits der Beziehung aber die Spannung und den Reiz, ohne die eine Beziehung nicht interessant wäre. Aus diesem Grunde bin ich der Meinung, daß eine Beziehung bis ins hohe Alter Bestand hat, sofern die Partner auch nach Jahren noch Wünsche aneinander haben, die sie erfüllt sehen möchten. Neben der Hingabe, die nie ganz verwirklicht werden kann und dem Gefühl, gebraucht zu werden, ist deshalb die Sehnsucht eine Bedingung für Liebe.

Was heißt »Sehnsucht haben« in der Realität einer normalen Partnerschaft und Liebesbeziehung? Kurz gesagt, den Wunsch, den anderen zu formen, wie ich ihn gerne hätte: daß er sich mir hingibt, daß er in jeder Situation und in jeder Weise für mich da ist, daß er meine Wünsche erfüllt, daß er mir gehört und mit mir verschmilzt. Da dies ein Ideal bleiben muß, das nicht zu erreichen ist, bleibt nur die Sehnsucht, die eine Partnerschaft belebt und sie lebendig erhält.

Die Sehnsucht ist in einer Beziehung immer ungleichmäßig verteilt, d.h., einer vermißt immer etwas mehr, sehnt sich nach mehr als der andere. Das führt uns zu der Frage, inwieweit die Liebe zweier Menschen generell immer unterschiedlich stark ist. Am Beginn einer Liebe glaubt jeder der Liebenden, er würde den anderen in gleichem Maße lieben, wie er von ihm geliebt würde. Das gehört zu den Illusionen einer jungen Liebe. In Wirklichkeit ist eine unterschiedliche Stärke von Liebe der Normalfall, d.h., einer der Partner liebt mehr als der andere. Ein gleich starkes Potential von Emotionen auf beiden Seiten wäre auch unnatürlich, weil die Individualität der Partner deren emotionales Engagement entscheidend bestimmt. Die vielfach ernüchternde Erkenntnis, daß mich mein Partner weniger liebt als ich ihn, sollte deshalb niemanden wundern noch erschüttern. In der Realität wirkt eine solche Erkenntnis trotzdem erschütternd, weil die Ungleichverteilung der Liebe zwischen zwei Partnern eklatant gegen das Harmoniebedürfnis der meisten Menschen, insbesondere von Liebenden, verstößt. Plötzlich »wiegt« das eine Herz mehr als das andere, wo beide doch der Meinung waren, »ein Herz und eine Seele« zu sein, d. h. gleich stark zu lieben.

Selbst wenn es so sein sollte, daß das Potential der Liebesemotionen generell annähernd gleich sein sollte, ist es doch so, daß – aus mehreren Gründen – punktuell trotzdem ein Ungleichgewicht besteht. Und das meint folgendes: kein Mensch ist in jeder Minute des Alltags in gleich guter Verfassung; die innere Befindlichkeit sowie Umwelteinflüsse wirken sich ständig auf sein Empfinden aus. Aus diesem Grunde liebt jeder den anderen in diesem Moment mehr oder weniger als im nächsten Moment. Es fällt vielen schwer, diese Tatsache in der Liebe zu akzeptieren, weil sie glauben, Liebe müsse in jeder Sekunde gleich stark sein und sich gleich darstellen.

Die Erklärung für die Unterschiedlichkeit der Empfindungen und die wechselnden Strebungen liegt im Spannungsfeld des Lebens, in dem jeder Mensch – wie wir bereits gesehen haben – zu jeder Zeit eine bestimmte Stellung innehat zwischen stark und schwach, ruhig und unruhig, verschlossen und offen. Äußerungen, wie: »Sag' mir sofort, daß du mich noch liebst«, führen im falschen Moment eher zu Abgrenzungen statt zu den gewünschten Liebesschwüren. Neben der von Augenblick zu Augenblick wechselnden Gefühlsstärke in der Liebe spielt auch noch eine individuelle Unterschiedlichkeit hinein. Einer der Partner ist immer bereit, sich den Wünschen und Bedürfnissen des anderen anzupassen und dadurch seine Liebe zu beweisen. Und Anpassung ist ein ganz wesentlicher Punkt für die Bedingungen, die Liebe stellt. Wir sagten schon, daß Hingabe die Voraussetzung für Anpassung ist, und daß jeder Mensch sehr unterschiedlich strukturiert ist hinsichtlich des Vermögens, Hingabe zu praktizieren. Entsprechend verhält es sich dann mit seiner Anpassungsfähigkeit oder -bereitwilligkeit. Anpassung bedeutet ja immer, daß ich einen Teil meiner Individualität aufgebe zugunsten des *Du*, um dessen Wünsche und Bedürfnisse zu befriedigen statt meiner eigenen. Und wenn sich einer der Partner nicht anpassen möchte und sich nicht den Wünschen und Bedürfnissen des anderen fügt oder hingibt, wird dies als Zeichen mangelnder Liebe gedeutet.

Und dann noch ein letzter Aspekt, der zu den Bedingungen der Liebe gehört: Liebe wandelt sich mit der Zeit. Wenn ich morgen aufwache, bin ich nicht mehr der Mensch von heute, und übermorgen wird es wieder anders sein. Körperzellen sterben ab, und der Hormonspiegel verändert sich. Das läßt mein Empfinden nicht unberührt. Die Wandlung der Liebe in der Zeit kann sowohl ein »Hin« zum Partner als auch ein »Weg« von ihm bewirken. Wenn die Beziehung im Laufe der Zeit enger wird, kann das heißen, daß beide Menschen ihre Illusionen abgelegt haben und sich so akzeptieren, wie sie sind. Wenn eine Beziehung dagegen auseinanderdriftet, war sie möglicherweise auf Illusionen »gebaut« und hat demzufolge ohne Illusionen keinen Bestand. Die Seifenblase, die zerplatzt, hinterläßt nicht einmal Scherben, sondern im Falle einer »zerplatzten Liebe« nur Enttäuschung und Wehmut. Was gestern so schön war, hat sich als Traum herausgestellt, der von der Realität eingeholt wurde.

Liebe und Leben

Liebe stellt Bedingungen, die ich für mich selbst akzeptieren muß, um Liebe lebendig zu halten. Viele glauben, ohne diese Bedingungen lieben zu können, weil es ihnen reicht, daß der andere diese Bedingungen erfüllt. Solche Beziehungen sind voller Leid, und es wird noch darauf einzugehen sein, wie es sich in solchen Beziehungen lebt und liebt.

Die Bedingungen der Liebe sind Forderungen, die ich an *mich* stellen muß und denen *ich* genügen muß; Forderungen aus Selbstlosigkeit heraus, ohne daß damit Gegenforderungen verbunden sind. Wenn ich die Bedingungen für mich erfülle, steigt damit die Wahrscheinlichkeit, daß der andere nachzieht und diese Bedingungen ebenfalls erfüllt. Wenn ich mich nicht selbst, ohne Forderungen zu stellen, einbringe und hingebe, sondern erst darauf warte, daß der andere den ersten Schritt tut, kann ich nicht erwarten, ein erwünschtes Verhalten bei ihm zu erreichen. Genauso verhält es sich mit den anderen Bedingungen der Liebe: Ich werde mich anpassen müssen, um Anpassung zu erreichen; ich werde das Gefühl vermitteln müssen, den anderen zu brauchen, um gesagt zu bekommen: Ich brauche dich.

Bei allen Bedingungen, die Liebe erforderlich macht, muß ich gleichsam in Vorleistung treten. Wenn ich nach dem Prinzip agiere: Erst du, dann ich, kann daraus keine bestandsfähige Partnerschaft entstehen.

Zu den im vorangegangenen Kapitel behandelten Bedingungen der Liebe gehört sicher auch der Streit, d. h. die Auseinandersetzung mit dem anderen. Oftmals hört man – und zwar zur Kennzeichnung besonderer Liebe und Harmonie – den Satz: »Wir streiten uns nie.« Welch' eine tödliche Aussage. Sie zeigt, daß hier zwei Menschen die Bedingungen der Liebe verkennen, nicht akzeptieren, leugnen oder verdrängt haben. Nur wenn ich zum Streit mit dem anderen bereit bin, werde ich meine Beziehung fortentwickeln können. Wenn ich aber alles Trennende unter den Teppich kehre und eine falschverstandene Harmonie lebe, führt das nicht zur Fortentwicklung, sondern zum Stillstand und damit zum Tod der Beziehung. Leider kann kaum jemand richtig streiten, sondern höchstens schimpfen. Während der Streit Regeln kennt, bedeutet »schimpfen« ein munteres und regelloses Um-sich-Schlagen. Es würde den Rahmen dieses Buches sprengen, hier auf Einzelheiten zum Thema »richtiges Streiten« einzugehen. Der Vollständigkeit halber soll jedoch festgehalten werden, daß Streit und Streiten zum Leben und zur Liebe gehören und Beweis intensiv gelebter Partnerschaft ist.

Bleiben wir bei den Bedingungen der Liebe, die erfüllt werden müssen, um Liebe lebendig zu erhalten, und fragen uns, warum in vielen Partnerschaften diese Bedingungen nicht akzeptiert werden. Wir führten bereits weiter oben aus, daß die Bedingungen für Liebe als Vorleistung zu erfüllen sind. Wenn das nicht geschieht, kann das mannigfache Ursachen haben. Die häufigste ist wohl, daß einer der Partner nichts in seine Partnerschaft investieren möchte, weil er sich im Gefühl der Liebe und Zuneigung, die der andere ihm entgegenbringt, äußerst wohlfühlt. Er liebt den Partner wohl auf seine Weise und betont auch immer wieder, wie sehr er ihn liebt, und daß er ohne ihn nicht leben könne, aber die Bedingungen der Liebe zu erfüllen sieht er keinen Anlaß.

Natürlich läßt sich auf diese Weise sehr geruhsam in einer Partnerschaft leben, weil es ja so bequem ist. Wenn das Abendessen immer pünktlich auf dem Tisch steht – mehr kann man(n) doch nicht »verlangen«. Selbstverständlich muß das Essen gelobt werden; das gehört zu den Ritualen solcher Partnerschaften, die letztlich auf eine Mißachtung der Liebe des Partners hinauslaufen.

Diesem Beziehungs-Pascha verwandt – wobei es sich durchaus auch um eine weibliche Person handeln kann – ist derjenige, der sich im Besitz des Partners so sicher fühlt, daß er glaubt, sich alles erlauben zu können, insbesondere die Bedingungen für Liebe zu mißachten. Dieser Stiesel-Typ trompetet lauthals umher: »Meine Frau/mein Mann liebt mich, ist mir treu und ergeben und würde mir nie weglaufen.« Diese Tumbheit und Impertinenz erlebt dann oftmals ein böses Erwachen, wenn der oder die geliebte Person sich plötzlich einem anderen hingibt.

Noch impertinenter ist der Fall, daß der eine oder andere der Partner Liebe vorspielt, ohne selbst zu lieben. Auch in solchen Beziehungen sind Liebesschwüre an der Tagesordnung: »Mein Schätzchen, ich bete dich an, was wäre ich ohne dich.« Je häufiger und intensiver die Schwüre, um so vorsichtiger sollte man sein. Überspielen solche Liebesschwüre doch oftmals die Unfähigkeit oder Nicht-Bereitschaft, die Bedingungen für Liebe zu akzeptieren.

Während bei den erstgenannten Typen Selbstgefälligkeit und Überheblichkeit Grund der Ablehnung für die Erfüllung von Forderungen ist, liegt im letzten Fall eine bewußte Täuschung vor. Der- oder diejenige mißbraucht den anderen oder die andere für seine Bedürfnisse, ohne selbst ehrlicherweise Bedürfnisse des anderen befriedigen zu wollen.

Besonders erwähnenswert scheint mir noch ein Typus, der ebenfalls aus eigensüchtigen Gründen die Bedingungen für Liebe nicht akzeptieren will. Das ist derjenige, der sich in seiner Beziehung selbstverwirklichen will. Als Typus ist der- oder diejenige heutzutage in aufgeklärten Kreisen sehr aktuell und modern. »Selbstverwirklichung« bedeutet hier, daß sich der- oder diejenige am oder mit Hilfe des anderen emporrangeln und zum besseren Menschen werden möchte. Er oder sie behauptet frech: »Nimm mich so, wie ich bin, finde dich gefälligst mit mir ab und füge dich.« Von Hingabe und eigener Anpassung keine Spur; im Gegenteil: Die Forderungen, sich für seine/ihre Zwecke brauchen – oder auch hier besser mißbrauchen – zu lassen, werden rigoros gestellt und durchgefochten. Der Meinung, sich in einer Partnerschaft selbstverwirklichen zu können, stelle ich hier die Antithese gegenüber, daß eine Partnerschaft dafür die schlechteste Möglichkeit ist. Partnerschaft bedeutet immer »abgeben« zu können, statt nur »nehmen« zu wollen. Hingabe statt Hernahme, Anpassung an den anderen, statt der Forderung zur Anpassung des anderen an mich selbst. Das führt uns zu der Frage, wie solche Partnerschaften aussehen und funktionieren, in denen die Bedingungen der Liebe nicht akzeptiert werden.

Grundsätzlich kann man wohl davon ausgehen, daß in solchen Partnerschaften ein oder beide Partner Forderungen stellen, statt selbst Forderungen zu genügen. Diese Forderungen sind die Umkehrung der Bedingungen für Liebe; d. h. sie lauten: »Gib' dich mir gefälligst hin, paß' dich an oder zeig', daß du mich brauchst.«

Die Verweigerung von Hingabe und Anpassung führt zu einem ständig wachsenden Mangelerlebnis, das tödlich für die Liebe ist und unweigerlich zum Bruch führen muß, weil die Sehnsucht nach dem Besseren und Mehr überhandnimmt. Gleichzeitig geht damit ein trotziges Sich-Verschließen Hand in Hand: »Wenn du dich mir nicht hingibst oder Anpassung erkennen läßt, warum sollte ich es dann zeigen oder tun.« Das Musterbeispiel für Partnerschaften, in denen beide Partner resigniert haben, ist die Partnerschaft, in der das große Schweigen herrscht. Man sitzt abends vor dem Fernsehapparat, redet – wenn überhaupt – über Lappalien und kommuniziert schweigend über das Fernsehprogramm. In solchen toten Partnerschaften haben beide Teile resigniert, weil sie sich möglicherweise nicht zur Annahme der an sie gestellten Forderungen bewegen konnten.

Solche toten Partnerschaften, in denen die Betroffenen nicht mehr miteinander reden können, sind häufig schon der Normalfall. Würden die beiden Partner miteinander reden können, so wäre das der Ansatzpunkt für die Neubelebung der Partnerschaft. Doch miteinander reden hat man nie gelernt und beherrscht es entsprechend auch nicht. Infolgedessen schweigt man sich an.

In der Therapie solcher Beziehungen besteht für den Therapeuten die erste Aufgabe deshalb darin, den Partnern das Reden miteinander und übereinander beizubringen. Dabei bestätigen mir meine Erfahrungen aus der Behandlung solcher Beziehungen, daß es kaum eine Partnerschaft gibt, in der keine Berührungspunkte bestehen. Mit Berührungspunkten meine ich gleiche Bedürfnisse und Wünsche, die der eine vom anderen erfüllt sehen möchte. Im Rahmen einer solchen Therapie ändern sich die Partner selbst zwar nicht, aber sie lernen zunehmend, anders miteinander umzugehen.

Die Frage ist wohl, ob ich mich überhaupt ändern kann. Kann ich ein ganz anderer Mensch werden, und ist lediglich die Partnerschaft, in der ich lebe, schuld daran, daß ich so bin, wie ich bin? Viele glauben das, wenn sie sagen: »Er/sie versteht mich nicht.« Das impliziert, daß das Nicht-Verstehen nicht an mir selbst liegt, sondern nur am anderen. Und so steigt man fröhlich oder entnervt aus einer Partnerschaft aus mit dem Vorsatz, nun ein völlig neuer, anderer Mensch zu werden, weil man das hemmende Element endlich los sei.

Solche Versuche enden meist kläglich, weil der Ausstieg aus einer Partnerschaft noch keine Änderung des eigenen Verhaltens bedeutet, das weitgehend auf Prägungen beruht. Um zu einer Änderung des Verhaltens zu kommen, bedarf es einer Einstellungsänderung. Und Einstellungen zu ändern ist äußerst schwierig und nur unter Schmerzen möglich. »Schmerzen« meint hier den heilsamen Schock, ein aufwühlendes emotionales Erlebnis, das die bisherige Verhaltensweise als unmöglich erscheinen läßt. In solchen existentiellen emotionalen Krisen ist vielleicht eine rigorose Verhaltensänderung aufgrund einer Änderung der Bedürfnislage möglich. Die bloße Absicht, »ein völlig neuer Mensch zu werden«, genügt dazu nicht, weil die Einstellungen auf Bedürfnissen basieren, und wenn diese Bedürfnisse existentiell sind, wird sich die Einstellung nicht ändern. Insofern dürfte dann eine Verhaltensänderung Mimikry sein, bei der schon bald der alte Adam unter der Maske des neuen Menschen wieder hervorlugen wird.

Eine Einstellungsänderung bedingt generell eine intensive Selbsterforschung, warum die persönlichen Bedürfnisse in einer Partnerschaft vom anderen nicht befriedigt werden. Wir sagten bereits an früherer Stelle, daß eine Wechselwirkung zwischen dem eigenen und dem vom Partner erwünschten Verhalten besteht. Wer in einer Partnerschaft Zärtlichkeit vermißt, gibt vielleicht selbst zu wenig Zärtlichkeit. Darüber im Zuge einer intensiven Selbsterforschung einmal kritisch nachzudenken, lohnt sich. Aus einer Partnerschaft auszusteigen und zu glauben, das alleine verändere mein Selbst, gehört zu den Irrtümern vieler Paare, weil sie bereits die Befreiung vom Druck einer belastenden Partnerschaft als eine totale Neuorientierung empfinden. Dabei haben sie lediglich *eine* Entscheidung getroffen und *einen* Schritt getan, mehr nicht. Die simple Form lautet in diesen Fällen jedoch häufig: Frei sein heißt neu sein.

Bleiben wir noch bei den Änderungsmöglichkeiten und schauen uns die Kehrseite der Medaille an; d. h. die Frage, ob es möglich ist, den anderen zu ändern. Im Miteinander ist es häufig der Fall, daß ein Partner versucht, statt des eigenen Verhaltens das seines Partners zu ändern. Die Forderung, die dabei dahintersteht, lautet schlicht: »Werde so, wie ich dich haben möchte.«

Eine solche Forderung tritt meistens in harmlos wirkenden Aussagen zutage, wie: »Die Kinder würden sich freuen, wenn du dich mit ihnen wieder einmal beschäftigen würdest«, was meint: »Sei ein besserer Vater!« Oder: »Warum können Männer nicht netter zu Frauen sein«, was heißt: »Gib dir mehr Mühe.« Stets handelt es sich um Versuche – mehr oder minder direkt –, dem anderen dessen Bedürfnisse und Wünsche »auszureden« und ihm statt dessen die eigenen Bedürfnisse aufzudrängen oder aufzuzwingen. Ein solcher Versuch läuft stets darauf hinaus, den anderen so angepaßt zu machen, daß er »funktioniert«, wie ich ihn haben möchte. Wer versucht, den anderen zu ändern, ohne sich selbst zu ändern, »verschiebt« die Probleme nur, weil seine Formung immer nur zeitweise und bedingt Erfolg hat. Die Einengung und die Mißachtung der Bedürfnisse des Partners machen die Partnerschaft brüchig.

Man kann eine Partnerschaft aber auch auf einfachere Weise kaputtmachen. Das schafft schon die bloße Unzufriedenheit mit Zuständen, die eben nicht paradiesisch sind. Wer seine Partnerschaft mit Sehnsuchtsdenken nach dem verlorenen Paradies, und entsprechend idealen Ansprüchen, betrachtet, muß immer unzufrieden sein mit dem, was er hat. Wenn ein solcher Mensch nicht auf den Boden der Tatsachen des irdischen Jammertals kommt, das Unvollkommenheit zur Regel macht – mit der umzugehen ist, steigert er sich in eine stetig zunehmende innere Unzufriedenheit hinein. Er oder sie leidet stumm, geht mit Trauermiene umher und frißt die Unzufriedenheit in sich hinein, die er/sie an allem und jedem festmacht. Zum Schluß kulminiert die Vorstellung, in jeder Weise zu kurz zu kommen, in dem Satz: »Es hat alles keinen Sinn mehr.«

Zum gleichen Ergebnis führt Jammern und Klagen über die Verhältnisse, die eben nicht so sind, wie man sie sich wünscht. Statt stumm zu »jammern«, jammert und klagt dieser Mensch lauthals. Er beschwert sich bei Freunden und Bekannten, daß er zuwenig Liebe vom Partner bekommt, und überhaupt, wie schlecht er behandelt würde, wo er doch alles für seinen Partner täte. Dieser Typus kann nie genug bekommen, wieviel man ihm auch immer gibt. Überall findet er ein Haar in der Suppe und mäkelt an allem herum. Er nervt den Partner mit seinem Jammern und seinem ewigen »Du liebst mich eben nicht« so lange, bis er/sie die Liebe und Beziehung aufgibt.

Eine besonders fatale Art, um eine Beziehung kaputt zu machen, ist »das Warten auf das große Glück« als intensivste Form der Sehnsucht nach dem verlorenen Paradies. So berichtet der Spiegel[70], daß Walter Hollsteins Untersuchung »über den allgemeinen Bewußtseinsstand von Männern« gezeigt habe, »daß zahlreiche Männer, obwohl verheiratet, noch auf eine kongeniale Liebe warten.«

Gefährlich ist dabei: Wenn ich auf das »große Glück« und die Taube auf dem Dach warte, werte ich das »kleine Glück« – den Spatz in meiner Hand – ab. Weil man(n) nicht Madonna im Bett hat, sondern Ilse, und diese nicht Robert Redford, sondern Hans-Werner, ist die Beziehung nichts wert. Und so retten sich solche Paare in den Traum, daß ihnen das große Glück doch noch irgendwann über den Weg läuft. Die Realität wird in einem solchen Falle zwar nicht geleugnet, aber auch nur scheinbar akzeptiert.

Wenn es bei Tagträumen und Phantasievorstellungen bleibt, können beide Partner damit leben. Die Abwertung des kleinen Glücks, das man bei entsprechender Investition vielleicht zum befriedigenden Glück machen könnte, geht unbewußt jedoch tiefer. Aus dem Gefühl heraus: »Ich hätte eigentlich etwas Besseres verdient«, fühlt man sich vom Schicksal benachteiligt. Da man das Schicksal nicht greifen kann, greift man sich den Partner, den man mit Vorwürfen überhäuft. Sätze: »Wie siehst du denn wieder aus?« oder »Was wärst du, wenn ich dich nicht geheiratet hätte« sind typisch für eine solche Partnerschaft. Diese psychische Zermürbungskritik führt wegen des Leids, das dadurch langsam aber sicher angehäuft wird, mit Sicherheit zum Bruch der Partnerschaft.

Als letztes Beispiel für die Möglichkeiten, eine Partnerschaft kaputtzumachen, sei hier die Einstellung und das Verhalten nach dem »Alles-oder-Nichts-Gesetz« angeführt. Das sind Partnerschaften, die als große Liebe mit großen Illusionen beginnen und im Glauben, alles zu bekommen, was man sich erträumt hat; also das Ideal in jeder Weise verwirklicht zu haben. Solche Partnerschaften sind im Siebten Himmel angelegt und enden deshalb oft in der tiefsten Hölle, in die sich die Partner oder einer von ihnen selbst bringen aufgrund maßloser Ansprüche. Dieser maßlose Anspruch besteht darin, daß man eben alles oder nichts haben will. Hat man aber nicht alles, so hat man nach diesem Denken überhaupt nichts. D. h., sowie sich der Rausch der Faszination des im Partner scheinbar verwirklichten Ideals verflüchtigt, ist der Sturz vorprogrammiert.

Obwohl die Partnerschaft nach der Methode des kleinen Glücks vielleicht funktionieren würde, versteigt man sich in die Haltung, gar nichts zu haben, denn was ist schon das kleine Glück – ein Nichts! In solchen Partnerschaften sind Beschimpfungen und Beleidigungen an der Tagesordnung. »Mit dir rede ich nicht, das ist mir zu blöd« oder »Wie konnte ich dich nur heiraten« lauten gängige Kernsätze. Aus dem Gefühl heraus, statt im Himmel auf der harten Erde gelandet zu sein, macht man sich das Miteinander zur Hölle.

An diesem Beispiel von Partnerschaften, die aufgrund des Alles-oder-Nichts-Gesetzes zustandekommen, zeigt sich die tödliche Wirkung des Ideals. Weil bzw. wenn ich das Ideal nicht erreiche oder bekomme, bzw. mich getäuscht fühle, ist alles andere nicht lebens- und liebenswert. Auf die Dynamik von Aggression, die als Sprengkraft in solchen Partnerschaften liegt, kann hier nur hingewiesen werden. Oftmals enden solche Partnerschaften im Inferno brutaler Gewaltanwendung.

Wie entgeht man der Gefahr und Misere, seine Partnerschaft kaputtzumachen? Die Lösung dafür kann nur lauten: Die eigene Rolle und die vorhandenen Unzulänglichkeiten einer Partnerschaft akzeptieren zu lernen. Dies ist ein Lernprozeß, der sich zur Erhaltung der Partnerschaft lohnt. Meine Rolle zu akzeptieren heißt, mit mir selbst, meinen inneren Widersprüchen und unerfüllten Sehnsüchten leben zu lernen. Wenn ich lerne, mit mir selbst und meinen Unzulänglichkeiten zu leben, werde ich im gleichen Zuge auch mit den Unzulänglichkeiten und Gegensätzlichkeiten des Partners leichter fertig. Unlust in Kauf zu nehmen und sich mit der Partnerschaft auseinanderzusetzen, muß die Devise heißen und nicht Trennung wegen Unlust oder unerfüllter Sehnsüchte. Das beste Mittel dazu ist der Streit, die fruchtbare Auseinandersetzung, die klärt, in welchen Punkten und in welchem Ausmaße sich zwei Partner unterscheiden. Daß richtig und fruchtbar streiten zu können, nicht einfach ist, sagte ich bereits. Doch nur der Streit klärt, während eine Streitvermeidung zur Vernebelung führt, auf der die Lebenslüge einer Aussage wie: »Wir verstehen uns blind« beruht. Das Ergebnis eines Streites sollte sein: ›Wir sind zwei Menschen mit unterschiedlichen Wünschen, Bedürfnissen und Charaktereigenschaften. Wir wissen und akzeptieren es, auch wenn wir es manchmal nicht verstehen, aber wir wollen trotzdem miteinander leben.‹ Dieses Ergebnis sollte eine gute Basis für das »kleine Glück« sein. – Mit einer solchen Einstellung läßt sich deshalb leben, weil sie zu einer »Harmonie« führt, die über Anpassung der beiden Partner aneinander hergestellt wird. Weil unser Leben sich nicht im Paradies abspielt, in dem sich sowieso nicht lieben ließe, wie wir an vielen Beispielen gezeigt haben, ist diese »Harmonie des kleinen Glücks« die einzig mögliche Lebensform für ein Miteinander. Eine solche Harmonie besitzt zudem den Vorteil, daß sie stets spannungsgeladen ist und bleibt.

Um nicht mißverstanden zu werden: Anpassung verstehe ich hierbei in der Bedeutung, daß sich in der einen Situation der eine und in einer anderen der andere anpaßt, und nicht, daß sich der eine oder andere verformen läßt, seine persönlichen Bedürfnisse stets unterdrückt und sich spannungs- und bedingungslos anpaßt und die eigene Persönlichkeit aufgibt. Anpassung basiert in diesem Sinne auf der Toleranz gegenüber den Bedürfnissen des Partners, die als Ergebnis eine Harmonie ergibt, die sich als »spannendes Arrangement« darstellt. Ein solches Arrangement verlangt, daß der eine oder der andere nicht immer das fordert oder tut, was der andere nicht will oder tut, daß immer einer mal nachgibt, statt stur auf seinen Ansichten oder der Befriedigung seiner Bedürfnisse zu bestehen; d. h., daß einer immer mal bereit ist, zurückzustecken oder sich den Wünschen des anderen unterzuordnen.

Leiden und trotzdem lieben?

Sprachen wir im vorangegangenen Kapitel von den Bedingungen der Liebe und der Harmonie, die auf Anpassung basiert, so wollen wir uns im folgenden mit denjenigen Partnerschaften befassen, in denen keine Harmonie besteht – gewollt oder ungewollt –, die aber trotzdem »funktionieren«, wenn auch oft unter großem Leidensdruck auf seiten einer der Partner.

Ich möchte diese Partnerschaften als »ungleiche Partnerschaften« bezeichnen, weil die Gleichheit gar nicht angestrebt wird. »Ungleiche Partnerschaften« meint, daß beide Partner z. B. nicht gleich stark sind und auch nicht gleich stark sein wollen, daß nicht der Ausgleich gesucht wird, sondern die Dissonanz. Wir werden noch darüber zu sprechen haben, welche Gründe oder Bedürfnisse solche Partner zusammenführen.

In ungleichen Partnerschaften ist einer immer der Beherrschende. Diese Dominanz ist so stark, daß sie den anderen stets klein erscheinen läßt, sozusagen als ein Anhängsel. Und als Anhängsel ist man/frau abhängig von der Gunst des anderen, die willkürlich gegeben und genauso willkürlich wieder genommen wird. Das macht die Spannung und den »Reiz« solcher Partnerschaften aus, daß der stärkere mit dem schwächeren Teil spielt und ihn nach Belieben seine Macht spüren läßt. Solche Spiele können sowohl auf der bewußten wie auch auf der unbewußten Ebene ablaufen. Der Leidensdruck, der dadurch erzeugt wird, kann immens sein, ohne daß sich die Betroffenen aus solchen Beziehungen lösen können. Sie spüren ihre Abhängigkeit, ohne sich davon befreien zu können, weil sie die Macht, die der andere über sie hat, als Droge konsumieren. Ob das Frauen sind, die zu sehr lieben (R. Norwood) oder solche, die an einen Frauenhasser (S. Forward) geraten sind, immer ist es die Diskrepanz aus der erlebten eigenen Schwäche zu der vermeintlichen Stärke des anderen, die – zumindest eine Zeitlang – als lustvoll erlebt wird. Die

Spiele, die in solchen Partnerschaften »gespielt« werden sind von diffiziler und manchmal auch mörderischer Art, und wir werden uns noch damit beschäftigen müssen, welche Bedeutung solchen Spielen zukommt.

Die Basis, auf der solche Partner zusammenkommen, ist das Gefühl von Stärke bzw. Schwäche, das nicht – wie im polaren Spannungssystem – zwischen beiden Polen schwankt, sondern an einer Stelle verharrt. Solche Männer oder Frauen fühlen sich entweder »stark« oder »schwach«. Der Grund dafür liegt in frühkindlichen Entwicklungen, die im Elternhaus stattfanden. Hier erfolgte die innere Prägung für das Selbstwertgefühl von »stark« oder »schwach«, die oftmals für das gesamte Leben bestimmend bleibt und sich in den Partnerschaften, die diese Menschen eingehen, am stärksten manifestiert.

So ungewöhnlich sind solche Paarungen nicht, kennen wir doch sowohl aus unserer Umgebung als auch aus der Geschichte vielfache Beispiele dafür. Wo gibt es sie denn, die Söhne starker Väter? Ob Goethe, Napoleon oder Alfried Krupp – hat je einer von den Söhnen gesprochen?

Macht und Stärke sind wohl doch – im Gegensatz zur Hochbegabung – nicht vererbbar. Die Dominanz der Väter ist so stark, daß die Söhne einfach keine Chance haben, eigene Stärke zu entwickeln. Aus dieser Situation heraus suchen solche Männer starke Frauen, mit denen sie natürlich nicht fertig werden.

Ist es die Mutter, die dominierte, so läßt diese den Söhnen mehr Chancen, weil die Söhne nicht mit dem Vater in Konkurrenz um die Macht treten müssen. Andererseits erzeugt die mütterliche Dominanz bei den Söhnen Angst vor den Frauen. Entsprechend dieser Prägung suchen sich die Söhne schwache Frauen. Das heißt: Die eigene fehlende Stärke bzw. Kompensation von Schwäche wird über den Partner reguliert. Nach diesem Modell funktionieren ungleiche Partnerschaften, in denen sich zwei Menschen gegenseitig zum Spannungssystem machen, indem sie sich »einrichten«. Daß sich Extreme – die sich grundsätzlich auf die Polarität »stark« und »schwach« reduzieren lassen – gerne paaren, zeigen vielfältige Alltagsbeobachtungen, wie sie jeder macht. Solche Partnerschaften laufen unter dem Namen »Ergänzungswahl« und gelten als durchaus beliebt. Trotzdem ist in solchen Beziehungen nur eine »Quasi-Harmonie« zu erreichen, da das Spannungsfeld zwischen den beiden Partnern immer zu Lasten des schwächeren Teils verschoben ist. Lieben und Leiden liegen dementsprechend eng beieinander. So z. B. bei dem Spiel »Mami liebt Macho«, wie ich es nennen möchte. Das meint, daß eine Frau einen Mann liebt und verehrt, der ihren Bedürfnissen keineswegs entspricht. Während sie sich nach Nähe und Wärme sehnt, stößt sie auf schroffe Ablehnung alles Weiblichen. Ihre Weiblichkeit wird weder zur Kenntnis genommen noch anerkannt, ihre Bedürfnisse werden nicht respektiert, sondern sie wird lediglich benutzt. Benutzt zur Befriedigung männlicher Bedürfnisse oder als schöner Schein, den »Mann« in der Öffentlichkeit vorzeigen kann. Trotzdem kommt Mami von ihrem Macho nicht los, ja, sie verehrt und liebt ihn und hofft ständig darauf, ihn bessern zu können. Darin kommt wohl auch eine Art eines nicht ausgeträumten paradiesischen Traumes zum Ausdruck. Auch wenn die Dinge nicht so sind, wie ich sie haben möchte, hoffe ich doch immer darauf, sie noch so verändern zu können, wie ich sie haben möchte.

Entscheidend härter und leidvoller stellt sich die Beziehung dar, wenn frau einen Alkoholiker liebt. Die Ausgangssituation ist traurig, weil fast immer unlösbar. Das Grundmuster ist zwar dem Spiel »Mami liebt Macho« vergleichbar, nur daß in einer solchen Partnerschaft die Mutter-Kind-Beziehung eine entscheidende Rolle spielt. Wenn frau einen Alkoholiker liebt, hat sie es mit der Beziehung einer Mutter zu ihrem mißratenen Sohn zu tun, den sie auf die gerade Bahn bringen möchte. Entsprechend hoch ist der emotionale Aufwand, den frau in eine solche Beziehung investiert. Daß sich der Alkoholiker an seine »Mutter« klammert und sie braucht, ist verständlich, hilft jedoch keinem, da Alkoholismus in den seltensten Fällen ohne Hilfe von außen zu heilen ist.

Ich führe Alkoholismus nur als Beispiel ungleicher Partnerschaften an, ohne darüber leichtfertig zu reden, denn wieviel Leidensfähigkeit dazu gehört, mit solchen Verhältnissen fertig zu werden, vermag wohl nur der zu ermessen, der selbst einmal in gleicher Situation gefangen war.

Ungleiche Partnerschaften sind jedoch kein Zufall, sondern gewollt – wenn sicher auch oftmals unbewußt eingegangen von der einen oder anderen Seite –, weil Mann oder Frau nur in einer solchen ungleichen Partnerschaft ihre besonderen Bedürfnisse befriedigen können. So z. B. bei den Sado-Maso-Beziehungen, in denen eine ganz klare Abhängigkeit voneinander zum Ausdruck kommt. Der eine kann nicht ohne den anderen. Sadismus funktioniert »befriedigend« nur auf dem Hintergrund einer masochistischen Tendenz und umgekehrt. Solche Beziehungen sind deshalb so stabil, weil jeder das bekommt, was er braucht. Trotzdem haben wir es auch hier mit einer ungleichen Partnerschaft zu tun, weil der sadistisch veranlagte Teil stets der stärkere ist, der den anderen seine Macht spüren läßt und ihn für seine Bedürfnisse mißbraucht. Je größer die Abhängigkeit voneinander und die »Quasi-Harmonie«, um so weniger können die Partner voneinander lassen.

Ungleiche Partnerschaften basieren immer auf einer Täter-Opfer-Beziehung, was meint: Ohne Täter kein Opfer und ohne Opfer kein Täter. Die Verflechtung ist so eng, daß sie selbst in normale Beziehungen hineinwirkt. Immer ist einer etwas mehr Täter und der andere mehr Opfer. Das widerspricht keineswegs den Bedingungen der Liebe, sondern entspricht ihnen, da sich z. B. Hingabe immer als »Opfer« darstellt. Normale Partnerschaften unterscheiden sich nur insofern von gleichen Partnerschaften, daß die Rollen nicht festgelegt sind, sondern wechseln.

Wer seine ihm gemäße Rolle erst einmal akzeptiert hat, lebt relativ »harmonisch« in einer solchen Beziehung. Der Täter dominiert, und das Opfer läßt sich dominieren. So ungewöhnlich sind solche Beziehungen nicht, lassen sie sich landläufig doch auf eine Beziehung »stark-schwach» reduzieren. Ob »stark« dabei Frau oder Mann bedeutet, ist unwichtig.

Wie bereits weiter oben gesagt, liegen Lust und Leid in solchen ungleichen Partnerschaften stets eng beieinander. Am Anfang solcher Partnerschaften dürfte es durchaus so sein, daß beide Lust empfinden, der »Täter« aus der Dominanz heraus und das »Opfer« aus der vermeintlichen Geborgenheit in einer solchen Beziehung.

Ich sollte an dieser Stelle betonen, daß eine von mir so bezeichnete »Täter-Opfer-Beziehung« nichts Pathologisches hat. In der besten Form empfindet der Täter »Beschützer-Gefühle« für das »kleine Frauchen«, bzw. wenn es sich beim Täter um eine Frau handelt, Muttergefühle für den Mann als hilfe*bedürftigen* Sohn. Ein solches Verhältnis kann von den Partnern subjektiv durchaus als »harmonisch« empfunden werden, weil jeder seine Bedürfnisse erfüllt bekommt. Daß es sich allerdings nur um eine Quasi-Harmonie handelt, die deshalb funktioniert, weil jeder den anderen braucht, erwähnte ich bereits. Erst wenn der Täter seine Dominanz ausspielt und das Opfer wie ein hilf*loses* kleines Kind behandelt, schwindet die Harmonie. Der Täter mag zwar weiterhin Lust empfinden – der Gegenpart leidet jedoch zunehmend an der Partnerschaft. Dann kommt es vor, daß das Opfer Bemühungen unternimmt, seine Ohnmacht (im wahrsten Sinne des Wortes) abzustreifen, sich zu entwickeln und Selbstbewußtsein zu gewinnen.

Der häufigste Fall einer ungleichen Partnerschaft besteht darin, daß der eine vom anderen mehr Wärme, Nähe und Zärtlichkeit verlangt, dieses Defizit in seiner Umgebung lauthals beklagt und anscheinend darunter sehr leidet. Das klingt dann so, als ob der Stärkere stets gäbe und der Schwache stets nur nähme. Trotzdem ist das Charakteristische solcher Beziehungen, daß sie nicht auseinanderbrechen. Inwieweit in solchen Partnerschaften ein Spiel abläuft, werden wir in diesem Kapitel noch diskutieren.

Ein Ablöseprozeß aus einer ungleichen, leidvollen Beziehung ist nicht so einfach, und er ist vor allem »Opfern« nicht unbesehen zu empfehlen. Viele der Frauen, die Robin Norwoods Rat in »Frauen, die zu sehr lieben« gefolgt sind, um sich von ihrer »Sucht« zu befreien, finden sich anschließend in Therapiegruppen wieder. Der Grund dafür ist meiner Meinung nach leicht zu verstehen: Wer jahre- oder jahrzehntelang in der »Spannung« einer ungleichen Partnerschaft gelebt hat und in Abhängigkeit davon, weiß mit der Entspannung und der wiedergewonnenen »Freiheit« der eigenen Persönlichkeit so wenig anzufangen wie ein Strafgefangener, der nach 20 Jahren aus dem Bau kommt und unsicher in die Sonne blinzelt.

Partner, die sich trennen, geraten oftmals nur in eine Quasi-Freiheit – in Wirklichkeit aber in einen luftleeren Raum. Sie fallen in die große Leere, weil sie auf die Freiheit nicht vorbereitet sind. Um in der Freiheit zu bestehen, brauchen sie einen »Bewährungshelfer«; diese Funktion müssen oftmals Therapiegruppen erfüllen. Für die meisten Menschen scheint es besser, festzuhalten als in ein Loch zu fallen; anders ausgedrückt: Abhängig zu sein ist besser, weil dahinter eine Beziehung steht – auch wenn diese nicht leidfrei ist –, statt unabhängig zu sein und mit der gewonnenen Freiheit nichts anfangen zu können. Viele Menschen sind – nach Jahren gemeinsamen Lebens – einfach nicht (mehr) in der Lage, sich in Freiheit weiterzuentwickeln. Drum prüfe vorher, wer sich trennt. Die Freiheit darf nicht zur Illusion werden, zu einem Ideal an sich, das von paradiesischen Vorstellungen genährt wird. Experimente mit der Freiheit sind gefährlich, weil oft eher ein Verlust statt eines Gewinns herauskommt, und sei es nur eine gesellschaftliche Isolation. Deshalb sollte man eher dazu raten, statt Freiheitsexperimente zu wagen, festzuhalten, die eigene Rolle zu akzeptieren, sich selbst besser darin zu verstehen wie auch den anderen, nicht die Unlust ständig zu visualisieren, sondern Unlust als Teil von Liebe und Partnerschaft zu akzeptieren und aus der Unlust heraus die Lust um so intensiver zu genießen.

Damit soll keineswegs ein Festhalten um jeden Preis propagiert werden. Aus meiner Beratungspraxis und nicht zuletzt aus eigener Erfahrung weiß ich jedoch, daß wir im Zeitalter der leichten Auflösbarkeit von Partnerschaften allzu voreilig dazu neigen, loszulassen, weil ein anderer Mann, eine andere Frau uns ein größeres Glück versprechen. Wo Partnerschaften so zerrüttet sind, daß sich beide das gemeinsame Leben zur Hölle machen, gibt es wohl nur eine Trennung, egal, wie schmerzhaft und »gefährlich« diese ist.

Unter dem Gesichtspunkt von »Spielen« bekommen ungleiche Partnerschaften noch eine andere Bedeutung. Mit »Spielen« sind in der Definition von Eric Berne in »Spiele der Erwachsenen« Folgen von Einzelaktionen gemeint, die mit einer Falle bzw. einem trügerischen Trick verbunden sind. Die sich häufig wiederholenden Aktionen sind äußerlich scheinbar plausibel, dabei aber von verborgenen Motiven beherrscht. Spiele, meint Erich Berne[71], »stellen in der ganzen Welt den wesentlichen Aspekt allen gesellschaftlichen Lebens dar.« Sie unterscheiden sich von allen anderen gesellschaftlichen Beziehungen durch zwei Merkmale: »1. durch die Tatsache, daß sie von verdeckten Motiven beherrscht werden, und 2. durch ihren Nutzeffekt.«[72] Nachdrücklich weist Berne darauf hin, daß der Begriff »Spiel« nicht notwendigerweise auch »Vergnügen« oder gar »Freude« impliziert.

Was ich in einem früheren Kapitel als Prägung erklärte, aufgrund deren sich das spätere Verhalten von Mann und Frau in ihrer Partnerschaft bestimmt, bezeichnet Berne als Bildungsprozeß, in dessen Verlauf das Kind lernt, welche Spiele es spielen soll und wie es sie spielen soll. Aufgrund eines solchen Bildungs- und Lernprozesses spielt der Erwachsene dann später Lebens-, Ehe-, Party-, Sex-, Räuber- und Doktor-Spiele. Typisch für alle Spiele ist, daß der Spieler immer einen oder mehrere Mitspieler benötigt, die auf sein Spiel eingehen, bzw. die selbst ihr Spiel machen. Bei Menschen, die sich nach außen über ihren Partner beklagen, ist davon auszugehen, daß sie diesen zumindest als Spielpartner brauchen. Charakteristisch dafür ist das Spiel »Wenn du nicht wärst«. Darin lamentieren Mann oder Frau darüber, daß sie vom anderen in ihrem Betätigungsdrang eingeengt würden. Berne schildert das Beispiel eines Ehepaares, bei dem sich die Frau über ihren Mann beklagte, weil dieser sie in ihren gesellschaftlichen Tätigkeiten ernsthaft behindere. So sei sie z. B. noch nie dazu gekommen, tanzen zu lernen. Als ihr Mann nachgab, und sie einen Tanzkurs belegte, mußte sie verzweifelt feststellen, daß sie eine geradezu pathologische Angst vor dem Tanzboden hatte und aus diesem Grund ihr Vorhaben wieder aufgeben mußte. Bei der Analyse stellte sich heraus, daß diese Frau sich einen tyrannischen Mann gewählt hatte, damit sie sich darüber beklagen konnte, daß sie alle möglichen Dinge tun könnte, »wenn du nicht wärst«. In Wirklichkeit leistete ihr Mann ihr einen guten Dienst, indem er ihr verbot, etwas zu tun, wovor sie sich im Grunde ihres Herzens fürchtete, und indem er sie sogar davor bewahrte, sich ihrer Furcht bewußt zu werden.

Die verdeckten Motive und der Nutzeffekt – die beiden charakteristischen Merkmale von Spielen – sind den Spielern natürlich nicht bewußt. Besonders in ungleichen Partnerschaften kommt das Spiel »wenn du nicht wärst« sehr häufig vor. Immer dann, wenn sich einer vehement über den anderen beklagt, aber trotzdem bei ihm bleibt, ist anzunehmen, daß dahinter verdeckte Motive stehen und ein Nutzeffekt. Nehmen wir z. B. den Fall, wo sich einer der Partner beklagt, er würde vom anderen dominiert oder bekäme zuwenig Zärtlichkeit. Wer Dominanz beklagt und dem anderen zum Vorwurf macht, muß sich seine eigenen Fehler nicht eingestehen und erspart sich dadurch, daß er den anderen im Sinne einer Projektion dafür verantwortlich macht, Angst. Im Falle des Vorwurfs »zu geringer Zärtlichkeit« belegen Erfahrungen meiner Beratungspraxis, daß der anklagende Partner durch ein zärtlicheres Verhalten des anderen keineswegs in die Lage versetzt wird, diese Zärtlichkeit anzunehmen. Oftmals reagiert er statt dessen mit Angst, die er schon immer vor Liebe und Sexualität hatte, sich bis dahin durch das »lieblose Verhalten« des Partners aber nicht einzugestehen brauchte. Das Leid, das verbal geäußert wird, hat demnach eine Schutzfunktion. Infolgedessen rät Berne mit Recht zur Vorsicht, Spiele aufzudecken oder abzubrechen, weil das dann zu tatsächlichem Leid führen könnte. Auch deshalb ist der Rat, eine solche »leidvolle« Beziehung aufzugeben, gefährlich. Wer den anderen im Sinne der Spieltheorie braucht, hat nach Abbruch des Spiels eben keinen Spielgefährten mehr.

In vielen Ehespielen geht es um Macht, die eng mit Aggression und Sexualität verbunden ist. Macht macht sexy, oder wie der ehemalige amerikanische Außenminister Kissinger zu sagen pflegte: »Macht ist das stärkste Aphrodisiakum.« Kein Wunder also, daß sehr junge Frauen die Männer an den Schalthebeln der Macht, auch wenn sie schon ganz graue Schläfen haben, äußerst sexy finden. Auch Aggressivität – als Machtmittel – hat immer noch eine starke erotische Wirkung, trotz »neuer Männlichkeit«, die postuliert, daß der Mann sich davon lösen muß, seine Männlichkeit anhand einer unterworfenen Weiblichkeit zu bestimmen. So berichtete der US-Psychiater Goldberg in seinem Buch »Veränderungen«, verunsicherte Männer hätten resignierend festgestellt, daß »Mr. Macho« bei Frauen bessere Chancen habe als der von den Zwängen der Eroberungskultur »befreite« Typ. (Zitiert nach Spiegel 40/89).

Die Frauen leiden an der Macht und Aggressivität der Männer in der Sexualität – heute stärker denn je – und wollen das abschütteln, ohne in Wirklichkeit davon lassen zu können. Sexualität ohne ein gewisses Maß an Machtausübung und Aggressivität ist eben nicht möglich. Die Erklärung dafür bietet Ernest Borneman in seinem »Lexikon der Liebe und Sexualität«, wo er unter dem Stichwort »Aggressionstrieb« ausführt[73]: »Die ›Eroberung‹ einer Frau durch einen Mann, aber auch die eines Mannes durch eine Frau, bedarf des A. Jede Paarung besteht aus einer oszillierenden Dialektik zwischen A und Hingabe, bei der die Frau von Zeit zu Zeit ebenso des A fähig sein muß wie der Mann der Hingabe.«

Die amerikanische Frauenärztin Barbara Bross[74] verdeutlicht diesen Zusammenhang, wenn sie sagt, »daß der Mann im Geschlechtsverkehr stets unbefriedigt bleibt, wenn er ihn nicht als Kampf erleben kann. Er will die Frau ›erobern‹. Sie soll vor ihm ›kapitulieren‹. Er will kein ›leichtes‹ Mädchen. Er will eine Frau, die es ihm schwer macht.«

Und, an die Adresse der Frau gerichtet, dann fortfährt: »Der Mann braucht nicht immer zu gewinnen. Aber du mußt ihm Gelegenheit geben, zu kämpfen. Das ist ein männliches Ritual. Kein Mann kann sexuell glücklich sein, wenn er diesem Ritual nicht folgen darf. Und obwohl das Kämpfen als solches der weiblichen Psyche fremd ist, muß die Frau ihrem

Mann Gelegenheit geben, sich in einem solchen Kampf selbst zu beweisen. Auch sie muß kämpfen. Aber du mußt mit weiblichen Waffen kämpfen, mit jeder Geste deines Körpers, jeder Bewegung deiner Hüften, mit deinen Augen und Lippen, deinen Brüsten und Schenkeln, mit der Art, dich an- und auszukleiden, der Wahl deiner Kleidung und Wäsche, mit dem, was du sagst, und dem, was du unausgesprochen läßt, mit dem, was du enthüllst und was du verbirgst, was du gewährst und was du verweigerst.

Das Bett ist das letzte Schlachtfeld, das übrigbleiben wird, wenn die Menschheit eines Tages Kriege und Bürgerkriege beseitigt hat. Und je friedlicher unser Alltagsleben werden wird, um so bitterer wird der Kampf der Geschlechter werden.«

Durch die enge Verflechtung von Macht, Aggressivität und Sexualität liegen Liebe und Leid notwendigerweise stets eng beieinander. Ein besonders prägnantes Beispiel für eine solche Verflechtung ist die »Hörigkeit«, über die der *Stern* in einer mehrteiligen Folge 1989 berichtet hat. Hörigkeit, diese Abart der Liebe, diese Mischung aus Leidenschaft und Unterwerfung, beschreibt der Münchener Psychiater und Psychoanalytiker Dr. Wilhelm Schmid-Bode so: »Einseitige Hörigkeit hat Eigenschaften eines süchtigen Verhaltens. Befriedigung ist letztendlich nicht erreichbar. Im Gegenteil, der Wunsch, den Partner ganz zu gewinnen, bleibt immer unerfüllt. Er führt lediglich zur Wiederholung und zur Dosissteigerung.«[75]

Es gibt in der Geschichte eine Reihe prominenter Beispiele für diese Bereitschaft zu völliger Unterwerfung und Selbstaufgabe. Die beiden folgenden sind hier nur stellvertretend für viele andere zitiert. So glaubte sich die schöne Fotografin Dora Maar in der Rolle der Göttin, als sie mit Pablo Picasso zusammentraf. Statt dessen spielte Picasso mit ihr das grausame Spiel von Herr und Sklavin und machte aus einer ehemals selbstbewußten Frau eine winselnde Kreatur. Für Dora Maar endete die Affäre in der Psychiatrie in völliger Verzweiflung.

Wie weit »hörige Liebe« einen Menschen treiben kann, zeigt als weiteres Beispiel der Fall des Duke of Windsor, der für die bereits zweimal geschiedene Amerikanerin Wallis Simpson auf seinen Königsanspruch verzichtete, England und seine Freunde verließ und damit Leid und Verlust bewußt in Kauf nahm.

Was treibt Menschen zur völligen Unterwerfung und zur Selbstaufgabe in einem solchen Abhängigkeitsverhältnis? Zur Erklärung wird in der Literatur auf die ersten Beziehungen im Leben verwiesen, die in prägender Weise die Grundlagen für die spätere Charakterstruktur schaffen, aufgrund deren diese Menschen für eine Abhängigkeit anfällig werden. Obwohl Hörigkeit viele Gesichter hat, steht fest, daß dabei immer wieder Ängste im Spiel sind, sowie das Gefühl, entwurzelt zu sein. Zur Bewältigung dieser Ängste wird das Rauscherlebnis gesucht, das die Hörigkeit bietet, und aus dem Wunsch nach emotionaler Stabilität wird die Erniedrigung hingenommen. Die Beziehung entwickelt sich dabei wie folgt: »Zu Beginn einer Hörigkeitsbeziehung«, schreibt Karin Gundel von der Universität Göttingen in der Zeitschrift ›Sexualmedizin‹, »machen viele Opfer den Fehler, alle Rollen mit dem Partner zu besetzen. So verliert er/sie jedes kritische Korrektiv und ist totaler Willkür ausgesetzt. Nie begegnen wir in diesem grausamen Spiel zwei Menschen, die partnerschaftlich teilen und genießen. Immer gibt es Opfer und Täter, Faszinierende und Faszinierte, Hörige und Hörigmachende. Gemeinsam ist ihnen nur, daß sie Träger seltener Bedürfnisse sind. Einmal zusammen, können sie sehr schlecht wieder auseinander.«[76]

Hörigkeit bedeutet also immer eine ungleiche Partnerschaft, die als grausames Spiel funktioniert, das sich nicht stets nach Art einer Sado-Maso-Beziehung präsentiert. Es ist jedoch ein Spiel, an dem der »Hörigmachende« durchaus auch seinen Spaß hat, wenn auch aus anderen Motiven als der »Hörige«. Hörigkeit läuft immer darauf hinaus, Leid zu erdulden und daraus einen Lustgewinn zu ziehen, obwohl die Betreffenden Leid nicht erdulden wollen und es beklagen. Ein wenig von diesem Leid-Lust-Zusammenhang steckt wohl in jeder Beziehung, selbst wenn es nur das Selbstmitleid ist, was die Menschen genießen.

Welche Empfehlung kann man denn nun jemandem geben,

der liebt und gleichzeitig leidet? Das Leid zum Kult zu machen, ist dabei wohl der falsche Ratschlag, gerade da Selbstmitleid dazu angetan ist, daß viele Menschen es »lustvoll« pflegen. Wer vor Selbstmitleid zerfließt, aufgrund dessen vom Partner getröstet wird und Streicheleinheiten erhält, wird schnell lernen, welchen Lustgewinn das Selbstmitleid verspricht. Aber auf ein solches Spiel sollte sich niemand einlassen, weil es den vor Selbstmitleid Überfließenden auf eine unangemessene Weise verhätschelt und ihn in regressiver Weise auf eine kindliche Entwicklungsstufe zurückversetzt.

Weil Liebe mit Leid verbunden ist, und zwar nicht nur in ungleichen Partnerschaften, sondern immer dort, wo zwei Menschen eine Beziehung eingehen, die aufgrund unterschiedlicher Bedürfnisse Unlust und Leid zwangsweise mit sich bringt, scheint es nötig, mit dem Leid leben zu lernen. Mit dem Leid leben zu lernen, bedeutet, Leid zuallererst nicht zu kultivieren, wie vorstehend bereits anhand des Selbstmitleids ausgeführt wurde. Wenn ich mir ständig wie mit einer tibetanischen Gebetsmühle vorsage: »Weh mir Armem«, verstärke ich nach den Gesetzen der Lernpsychologie permanent mein Leid. Und wenn ich es mir zu Anfang vielleicht nur eingebildet habe, wird es bald tatsächlich vorhanden sein in Form von körperlichen oder seelischen Problemen, wie z. B Kopf- oder Magenschmerzen, Migräne oder vegetativer Dystonie. Die gequälte oder krankgemachte Seele wendet sich meistens ins Körperliche, um sich dadurch «Luft« zu verschaffen.

Die ständige Wiederholung von Leidgedanken, ob diese nun tatsächlich gegeben oder nur vorgestellt sind, bezeichnet man als »Perseveration«, die äußerst wirkungsvoll ist. »Ich bin, was ich denke« oder »Gedanken sind Kräfte« – und diese Kräfte kann ich sowohl positiv wie auch negativ einsetzen. Wenn ich meine Gedanken dazu auch noch ständig mit Bildern unterlege, also visualisiere, wie man sagt, habe ich den perfekten Mechanismus entwickelt, um diese Gedanken-Leidbilder nie mehr loszuwerden, weil ich sie auf diese Weise in meinem Unterbewußtsein verankere.

Leidgedanken zu kultivieren, zu perseverieren und zu visualisieren ist demnach nicht der richtige Weg, um mit dem Leid leben zu können. Besser ist es, Leidgedanken durch positive Gedanken zu ersetzen, das Gestern zu vergessen und im Heute oder Morgen zu leben. Der Mentalpositivismus, die Lehre vom positiven Denken, hat uns gelehrt, daß positive Gedanken nämlich eine gleichstarke Wirkung erzeugen wie negative Gedanken. Daß jedes Ding auch eine positive Seite besitzt, lehrt uns schon das Leben; ich muß sie nur finden und in mir verstärken. Auch das Leid besitzt eine positive Komponente: zum einen hält es nicht vierundzwanzig Stunden täglich an, und zum anderen gibt es mir die Möglichkeit, mich mit mir selbst zu beschäftigen und weiterzukommen. Dazu muß ich mich zuallererst jedoch einmal aus dem Teufelskreis negativer Verstärkung leidvoller Gedanken in Form von deren Kultivierung, Perseveration und Visualisierung lösen. Positiv zu denken bedeutet in der Partnerschaft, die schönen Stunden und Situationen zu erinnern und sich die Bilder intensiv und immer wieder vor Augen zu führen. Wir alle neigen leider dazu, die negativen Seiten und Erlebnisse stärker im Gedächtnis zu behalten als die positiven. Das liegt daran, daß die meisten von uns bereits in der Kindheit negativ »programmiert« wurden, mit Sprüchen wie: »Das schaffst du nie« oder »Aus dir wird nie etwas«. Das setzt sich dann in der Schule und im Berufsleben fort durch Kritik von Lehrern und Vorgesetzten. Kein Wunder also, daß wir in der Partnerschaft dann verstärkt die Fehler des anderen sehen statt seine Vorzüge. Da es jedoch niemanden gibt, der neben Fehlern nicht auch Vorzüge besitzt, führt *ein* Weg aus dem Leid heraus über die Visualisierung der positiven Seiten des Partners und den damit verbundenen Erfahrungen. Wenn wir das intensiv eine bestimmte Zeitlang tun, besteht die Chance, daß wir unsere schräglastige Lebenswaage ins Gleichgewicht bringen und ein Stück Lebensfreude wiedergewinnen.

Ein Ausstieg aus einer Partnerschaft sollte nur die letzte Möglichkeit sein, nachdem andere intensiv geprüft wurden. Eine Investition in die eigene Partnerschaft ist die wichtigste Investition, die man im Leben tätigen kann. Doch wer von uns will das heute noch, ganz für seinen Partner da sein, ihn annehmen, wie er ist, und auch einmal zurückstehen bei der Befriedigung eigener Bedürfnisse. Wenn aus dem blinden Verstehen am Anfang einer Liebe eine »Er/sie versteht mich Nicht«-Einstellung geworden ist, fällt damit häufig eine Klappe, die das endgültige »Aus« bedeutet. Wenn ich solche Menschen in meiner Beratungspraxis frage, was sie denn zum gegenseitigen Verständnis getan haben, erhalte ich oft ein erstauntes: »Ja, muß man denn dafür etwas tun?« zur Antwort.

Obwohl die »Klappe« schon lange gefallen ist, gibt es anstelle einer Trennung häufig auch die Fälle, daß Partner trotzdem zusammenbleiben. Über solche Partnerschaften berichtete die Zeitschrift *Cosmopolitan* (10/89) unter dem treffenden Titel: »Lieber leiden als scheiden«.[77] Dieser Report ist ein beredtes Beispiel für unsere bisherigen Ausführungen. So beginnt »Katharina« den Bericht über ihre Ehe wie folgt: »Ursprünglich war es eine Liebesheirat. Ich kann meinen damaligen Zustand nur schnulzig formulieren: als ich Nils kennenlernte, ging ich wie auf Wolken... Kaum jedoch war ich seine Angetraute, öffneten sich nicht die Pforten des Paradieses, sondern mein feuriger Liebhaber verwandelte sich in einen langweiligen, arbeitssamen Menschen, der keine Zeit mehr für mich hatte.«

Zu den Gründen für das Scheitern der Beziehung heißt es in dem genannten Artikel: »Von Anfang an gaben sie sich nicht die Chance, Nähe zu lernen. Rituale des Zusammenlebens galten als ›verdächtig-bürgerlich‹ und durften deshalb nicht gelebt werden. Um so selbstverständlicher saß Katharina mit der Freundin ihres Mannes auf dem Ehebett und tauschte Erfahrungen über den gemeinsamen Liebhaber aus.«

Und wie sieht die Lösung für dieses Paar aus? »Irgendwann ‹war uns der ständige Zoff dann auch zuviel‹.« Sie haben sich arrangiert – Tisch, Bett und Alltag geteilt. Ihre Lösung: ›Laß mich in Ruhe, und ich laß dich in Frieden.‹ Jeder hat seinen eigenen Bereich. Ihrer ist die Erziehung der Kinder und ihr Beruf als Lehrerin. Er kümmert sich um das gemeinsame Haus und seinen Job. Sie geraten sich selten in die Quere, leben nebeneinander. Nur wenn sie doch einmal als Paar auftreten – eben bei Partys – fliegen leicht wieder die Fetzen.

Gelegentlich aber kommt es sogar auch zu ›sexuellen Übergriffen‹, wie sie die seltenen friedlichen Begegnungen kommentiert.

Die Antwort, warum sie sich nicht scheiden lassen, lautet: »Eine Beziehung kehrt immer an ihren Ursprung zurück«, meinen beide. Der Beginn der Partnerschaft war »wie eine Offenbarung. Das ist vermutlich der wichtigste Grund, warum wir uns trotz aller Demütigungen und Verletzungen, die wir uns seit zwanzig Jahren zufügen, nicht trennen.«

Und Katharina auf die Frage, warum sie nicht die Konsequenzen zieht: »Ich bin ein Mensch, der sich nicht trennen kann.« Katharina vermutet, daß ihre Angst davor mit dem frühen Tod der Mutter zu tun hat. »Ich brauche die emotionale Sicherheit meiner Kinder und die soziale Anerkennung, die ich als Ehefrau und Mutter bekomme. Dafür mache ich einige Hüpfer und Bocksprünge«, gesteht sie. Jahrelang hat sie den Haß und ihre Aggressionen gegen den Ehemann »gepflegt und gehegt«, um sich von ihm abnabeln zu können. Das hat sie aufgegeben. Denn sie hat erkannt, daß sie bei einer Trennung nicht nur die Tür hinter sich schließen, sondern vor allem über den eigenen Schatten springen müßte: »Ich kann nicht zugeben, daß ich gescheitert bin.«

Genau das ist es: Beide spielen ihr Spiel – das Spiel einer gescheiterten Partnerschaft, die trotzdem noch »funktionieren« muß, weil beide ihren Nutzeffekt davon haben, in stärkerem Maße hier wohl die Frau, die die »tote« Partnerschaft vor dem angstmachenden Eingeständnis bewahrt, gescheitert zu sein. Um diese innere Blamage zu vermeiden, wird einiges in Kauf genommen. »Das Zusammenleben ist für beide angefüllt mit Frust und Ärger. Doch – so unglaublich das auch klingen mag – es bietet gleichzeitig Sicherheit. Sie kennen sich genau, jeder weiß den anderen einzuschätzen, hat dessen Gedanken häufig erraten, noch bevor sie ausgesprochen werden. Ein neuer Partner könnte das nicht bieten. ›Wenn ich mir vorstelle, daß ich noch einmal von vorne anfangen müßte – grauenhaft‹, sagt sie. Er nickt.«

Für die abschließende Deutung dieses Falles zitiert die Zeitschrift *Cosmopolitan* die Ehe- und Familienberaterin Frauke

Plaschnik: »Viele Menschen sind zusammen, unfähig Nähe zu leben, und sie leiden unendlich darunter.« Immer wieder sitzen Klienten vor ihr, die nicht mit, aber auch nicht ohne ihren Partner leben können.

Was meiner Meinung nach bei der Schilderung dieser Beziehung nicht herausgearbeitet wird, ist, daß beide irgendwie eine »perverse« Lust aus ihrer »toten« Beziehung ziehen müssen. Lust aus dem Leid, weil sie nicht mehr lieben, und Leid, mit dem sie umzugehen gelernt haben, weil die Trennung der Fall in einen luftleeren Raum bedeutete?

Im zweiten Fall des Berichts von *Cosmopolitan* geht es um Christiana und Wolfgang, die seit 13 Jahren verheiratet sind, zwei Söhne haben, sich aber bereits nach 7 Jahren innerlich getrennt haben, als Wolfgang erklärte: »Die Ehe sei nicht mehr seine Lebensform, er habe sie, Christiane und die Kinder, satt.« Seit diesem Zeitpunkt hat Wolfgang ein Arrangement gefunden, mit dem er und seine Frau Christiana leben. Er zweigte in der gemeinsamen Wohnung zwei der sechs Zimmer für sich ab und lebt seitdem wie ein Hotelgast in der Familie. »Die tägliche Arbeit in dem Vier-Personen-Haushalt überläßt er seiner Frau. Die Atmosphäre zu Hause ist ›grauenhaft und eisig‹. Er schließt sich von allen Aktivitäten aus, paßt nur hin und wieder mal auf die Kinder auf. Damit alles seine Ordnung hat, führt er ein ›Stundenkonto‹, auf dem diese Zeit nach Soll und Haben verbucht wird. Bis auf die Minute genau rechnet er ab. Wenn Christiana die Kinder einen Nachmittag betreut, aber dabei gleichzeitig mit einer Freundin Kaffee trinkt, wird diese Zeit als »Privatvergnügen« auf ihrer Soll-Seite vermerkt. Sie nennt ihn offen einen ›Zwangsneurotiker‹. Zwangsneurotiker deshalb, weil er seine Söhne um sich schart und sie aufhetzt: »Papi ist krank, und die Mami will ihn rausschmeißen.« Seine Frau sieht sich in diesem Spiel als »Retter«: Die Söhne sind der wichtigste, doch nicht der einzige Grund, der sie davon abhält, endgültig einen Schlußstrich zu ziehen. Sie fühlt sich ihrem Mann gegenüber verantwortlich, denn: ›Ich halte ihn für seelisch krank‹.« *Cosmopolitan* dazu: »Psychotherapeuten wie Jürg Willi nennen dieses unbewußte Zusammenspiel einen ›Teufelskreis‹, aus dem beide nicht herauskommen *wollen*. Sie brauchen einander: der eine, um sein Selbstwertgefühl auf Kosten des anderen zu stabilisieren, der andere oft aus dem Bedürfnis heraus, gebraucht zu werden. Sätze wie: ›Verlaß mich nur, du wirst schon sehen, was du davon hast‹, oder: ›Ich bin krank, und du willst mich rausschmeißen‹, haben ihre Wirkung. Angst-, Schuld- und Schamgefühle verhindern die Trennung.« Oder, wie es die Psychologin Christa Brauns-Hermann erklärt: »Je länger Paare in einer unglücklichen Beziehung verharren, um so schwieriger wird der Schritt in die Veränderung.«

Wie sehr die Sehnsucht nach dem verlorenen Paradies auch heute noch Partnerschaften bestimmt, zeigt der dritte Fall, der in der Zeitschrift geschildert wird, in dem Johanna nach 13 Jahren Ehe plötzlich feststellt, daß sie keine Gefühle mehr für ihren Mann Stefan empfindet. Sie hat sich mit ihrem »Leid« einerseits sehr pragmatisch arrangiert, wenn sie sagt: »Zeigen Sie mir eine Ehe, die funktioniert, Sie finden keine.« Trotzdem erklärt sie fast im gleichen Atemzug, »daß sie fest an den Traumprinzen glaubt. Solange der aber nicht in Sicht ist, bleibt sie bei ihrem Mann. ›Ich kann mir keinen besseren wünschen. Er ist höflich, kultiviert und liest mir jeden Wunsch von den Augen ab‹.«

Bei allem »Leid« wird die Illusion der perfekten Partnerschaft also beibehalten; eine Illusion, die auf erschreckend schwankendem Grund basiert, wie die Antwort der beiden auf die Frage nach den früheren Gemeinsamkeiten zeigt: »Bringen Sie mich nicht in Verlegenheit«, murmelt sie: »Doch, der Bau des Hauses hat uns zwei Jahre beansprucht, da hatten wir immer Gesprächsstoff.« Deutlicher kann man das eigene Unvermögen und Versäumnis wohl kaum beschreiben.

Die drei von *Cosmopolitan* geschilderten Fälle verbindet die Ansicht der Frauen: »Lieber leiden als scheiden«, d.h. Trennung als die letzte der denkbaren Möglichkeiten anzusehen. Im Falle des Zwangsneurotikers »Wolfgang« wird von seiner Frau »Christiana« aber so viel Leid erduldet, daß »scheiden statt leiden«, also Trennung, das »einfachere Leid«

wäre, zumal die Frau durch die Aufrechterhaltung der Verhältnisse mit Sicherheit ihre Kinder krankmacht.

Das Verhalten von »Christiana« ist ein Beispiel dafür, wie abhängig »Opfer« sind, weil sie jemanden brauchen, an den sie sich klammern und über den sie sich laufend beschweren können. In Konsequenz ist dies ein besonders makabres »Ehespiel«, weil es sogar die Selbstzerstörung in Kauf nimmt bzw. die psychische Schädigung der Kinder.

Liebe lernen

In diesem Kapitel möchte ich mich damit beschäftigen, was es heißt, Liebe zu lernen. Wir lernen im Leben alles mögliche und wenden viel Zeit und Mühe auf, um uns Wissen und Fähigkeiten anzueignen: in Sprachen und Computerwissen z. B., weil wir das für unser Fortkommen und den Umgang mit dieser Welt für wichtig halten.

Doch wie steht es mit der Liebe und dem partnerschaftlichen Umgang? Diesen Umgang lernen wir nicht, weil wir dazu keine Veranlassung haben. Warum auch? Wir alle wurden aufgeklärt oder haben uns selbst ein Basiswissen verschafft, und das sollte doch wohl reichen. Außerdem haben wir alle eine Vorstellung von der »Traumfrau« bzw. dem »Traummann«. Das braucht sich doch nur zu realisieren. Warum also mehr Aufwand investieren? Und so versuchen wir uns dann einander zu nähern, vor allen Dingen im Bett, schweigen uns an und machen in Liebe. Wenn diese Versuche nicht so oft so traurig in die Hose gingen, hätten schon mehr Leute über diese körperliche und seelische »Fummelei« lachen müssen. Wenn aber schon bald jede zweite Ehe geschieden wird, vergeht einem insgesamt das Lachen. Dennoch kenne ich kaum einen Geschiedenen, dem das Scheitern seiner Beziehung Veranlassung gewesen wäre, in Sachen Liebe und Partnerschaft etwas hinzulernen zu wollen. Statt dessen gehen die Betroffenen wiederum eine neue Beziehung ein in der Hoffnung, darin einen »verständnisvolleren« Partner zu finden. In Wirklichkeit wird die »Fummelei« – vielleicht nur auf einer anderen Ebene – fortgesetzt. Mit Fummelei meine ich in diesem Zusammenhang ein Verhalten, das nicht auf einem Wissen um strukturelle Unterschiedlichkeiten der Geschlechter und den richtigen partnerschaftlichen Umgang basiert.

Liebe machen kann doch jeder und mit einem Partner umgehen ja wohl auch; schließlich sind wir ja auch mit Vater und Mutter fertig geworden – so die gängige Auffassung.

Wenn ich in meiner Beratungspraxis darüber spreche, daß Liebe und Partnerschaft gelernt werden wollen, wie jedes andere »Fach« auch, sehe ich stets das grenzenlose Staunen in den Gesichtern meiner Klienten. Sich sagen lassen zu müssen, daß ihre Unfähigkeit auf Unkenntnis beruht, brüskiert viele, weil es ihr Selbstwertgefühl berührt. Hielten sie sich bisher doch für große »Könner«, auch wenn sie bereits dreimal verheiratet waren. Solche »Könner« können durchaus auch Vertreter des weiblichen Geschlechts sein.

Wenn es darum geht, Liebe zu lernen, so ist dazu die Einsicht in die Notwendigkeit erforderlich. Wer diese Einsicht nicht besitzt oder gewinnt, hat verständlicherweise keine Motivation, sich auf diesem Gebiet Wissen und Fähigkeiten anzueignen. Während sich im beruflichen Alltag zunehmend die Erkenntnis eines lebenslangen Lernens durchsetzt, sind wir davon auf dem Gebiet des partnerschaftlichen Miteinanders noch meilenweit entfernt. Doch was für den Erfolg im Beruf gilt, hat gleichermaßen seine Bedeutung für den Privatbereich. Wer lernt den anderen denn je gänzlich kennen und verstehen? Und dennoch bringt mich das Wissen um menschliche Verhaltensweisen, die Bereitschaft, den anderen immer besser verstehen zu wollen sowie eine grundlegende Lernbereitschaft mit jeder Erfahrung weiter. Ziel des Lernens in der Liebe sollte ein harmonischer Umgang miteinander sein, der für die Partnerschaft deren Fortbestehen sichert.

Das typische Beispiel für eine nicht vorhandene Lernbereitschaft ist das sogenannte »glückliche Paar«, das einen ideal-illusionären Zustand festgeschrieben hat. Das Scheitern ist in einer solchen Beziehung vorprogrammiert, wie Peter Schellenbaum meint, vor allem, wenn dazu folgende Glaubenssätze gehören[78]:

– Das glückliche Paar streitet nicht und leidet nicht.
– Das glückliche Paar ist am geglückten Eindruck, den es in der Öffentlichkeit macht, zu erkennen. Der geglückte Eindruck, den das glückliche Paar macht, besteht darin, daß es vor anderen Menschen in allen Dingen immer einer einzigen Meinung ist: der Meinung des glücklichen Paares.
– Im glücklichen Paar funktioniert die Sexualität regelmäßig

und ist für beide Teile zufriedenstellend. Die Partner verwöhnen sich gegenseitig.
- Im glücklichen Paar ergänzen sich Mann und Frau harmonisch.

Der Harmoniewahn in einer Beziehung ist auch deshalb so verhängnisvoll, weil jeder, der sich in Harmonie wähnt, jegliches Hinzulernen nicht nur als überflüssig, sondern auch als gefährlich für den Fortbestand seiner »Harmonie« ansehen muß. Im Paradies und seiner Harmonie läßt sich also auch deshalb nicht lieben, weil keiner die Liebe lernen will.

Bleiben wir – Außer-Paradiesische – aber dennoch beim Thema, wie man Liebe lernen kann, und fragen uns, was und auf welchen Gebieten gelernt werden muß. Wenn man es ganzheitlich betrachtet, könnte man sagen: es geht um Lernen im Bereich des Denkens, Fühlens, Redens und Handelns. Beginnen wir beim Denken: Das lernbereite Denken betrachtet die Partnerschaft als das wichtigste Gut. Dabei wird Partnerschaft im Gegensatz zum »glücklichen Paar« nicht als etwas Statisches und Unveränderliches gesehen, sondern als etwas Dynamisches, das mit jedem Tag Veränderungen unterliegt, denen ich mich stellen und die ich bewerkstelligen muß.

Das ist zuerst einmal die Frage nach dem richtigen Bewußtsein: Liebe als stetige Veränderung zu sehen, so wie sich auch das Leben stets ändert. Mit dem Menschen, der sich ändert, ändert sich die Liebe. Es genügt deshalb nicht, Liebe einmal zu entzünden, sondern sie muß die Änderungen der Partner mitmachen. Dabei ist es wichtig, daß der eine die Änderungen des anderen erfährt und daß er daran teilhat, um mit der Entwicklung Schritt halten zu können. Es ändern sich Vorlieben, Ansprüche und Bedürfnisse, und die Liebe zwischen zwei Menschen muß das wissen und berücksichtigen. Geschieht das nicht, so entfernt sich einer vom anderen, und die Liebe stirbt. Man hat sich dann, wie es so schön heißt, auseinandergelebt und -geliebt.

Mit dem richtigen Bewußtsein sind sich zwei Liebende auch darüber klar, daß sie das Feuer ihrer Liebe schüren müssen, um es stets neu zu entfachen, und daß ihre Beziehung nie nach dem Motto »Wir lieben uns doch – und damit basta!« gestalten dürfen. Und letztlich gehört zum richtigen Bewußtsein die Einstellung, daß Liebe nie unter einem Konsumgesichtspunkt betrachtet und mißbraucht werden darf, demzufolge die Partner nur dazu da sind, die Lust des anderen zu befriedigen und bei aufkommender Unlust die Partnerschaft schnellstmöglich aufkündigen dürfen.

Ein Denken, das die Partnerschaft als wichtigstes Gut zweier Menschen betrachtet, muß die Partnerschaft und den Partner positiv sehen. Viele Paare betrachten ihre Partnerschaft als gleichgültig, und sehen nicht die Notwendigkeit, dafür und daran zu arbeiten, oder sie bewerten ihre Beziehung als negativ. Nur aus einem negativen Denken resultieren das Leid und die Sehnsucht nach dem verlorenen Paradies, mit der Illusion der großen, alles verzehrenden und immerwährenden Liebe. Ein positives Denken, das auf das »kleine Glück« und dessen Harmonie setzt, kann weitgehend auf Illusionen und Spiele verzichten, weil es die Unlust als Teil der Liebe akzeptiert und die Liebe nicht unter kurzzeitigen Konsumgesichtspunkten genießen will. Sofern die Lernbereitschaft vorhanden ist, sollte auch ein positives Denken gelernt werden können. Wie das möglich ist, werden wir im Laufe dieses Kapitels noch ausführlich behandeln.

Wer negativ denkt, erzeugt negative Gefühle, während ein positiv eingestellter Kopf positive Empfindungen hat. Insofern ist hier wenig zu lernen, da das Gefühl dem Denken folgt: Nur wenn ich über meine Partnerschaft und meinen Partner positiv denke, werde ich auch positive Gefühle empfinden. Das ist eine Binsenwahrheit, die hier nicht weiter ausgeführt werden muß. Andererseits ist ein positives Denken lediglich die Grundvoraussetzung für das Lernen in der Liebe. Was danach unbedingt gelernt werden muß, ist die richtige Kommunikation; d. h. sinnvoll miteinander zu reden. Wenn man sich »tote« Partnerschaften ansieht, so besteht ja deren Wesensmerkmal darin, daß die Partner nicht oder nicht mehr miteinander reden können. Meiner Meinung nach spricht vieles dafür, daß sie es nie konnten, weil sie es nicht gelernt haben. Statt über sich und die eigene Partnerschaft, spricht man höchstens über die Kinder, die Ferienreise, den Hausbau oder das Fernsehprogramm. Richtiges Miteinander-Reden erfordert Regeln, die den meisten unbekannt sind. Das Ziel jedes Redens sollte ja schließlich das bessere Verständnis des anderen sein. Aber auch die Regeln guter Kommunikation sind zu lernen, und wir werden noch sehen, wie das geht. Ein Gespräch, das zum besseren Verständnis des Partners führt (»Er/sie ist ja ganz anders, als ich bisher gedacht habe«) hat dann – entsprechend dem Regelkreisprinzip – wieder Auswirkungen auf das Gefühl. Wer den anderen besser versteht und sich durch ihn besser verstanden fühlt, empfindet Nähe. Und eine solche Nähe läßt Zärtlichkeit und Hingabe zu.

Zum richtigen Miteinander-Reden gehört auch, richtig miteinander streiten zu können. Nur das »glückliche Paar« streitet und leidet nicht, wie wir bereits ausführten. Richtig streiten zu können, vermögen aber noch weniger Menschen. Statt dessen zanken oder beschimpfen sie sich und geraten auf diese Weise auseinander statt zueinander. Streit gehört zu intimen Beziehungen dazu, weil Ärger – als Grundlage des Streites – in der Beziehung von zwei Menschen häufig gegeben ist, einfach schon aufgrund ihrer Unterschiedlichkeit. Was aber ist eigentlich Ärger? fragen George Bach und Peter Wyden in ihrem Buch »Streiten verbindet«[79] und führen dazu aus: »Es ist die grundlegend emotionelle und physische Reaktion auf eine Störung bei der Verfolgung eines erwünschten Zieles und der Ausdruck starker Besorgnis, wenn etwas fehlzuschlagen droht. Wenn Menschen also nicht streiten, leben sie auch nicht in einer intimen Beziehung; ehrliche Intimpartner können ihre feindseligen Gefühle nicht ignorieren, weil solche Gefühle unvermeidlich sind.«

Als Beispiel schildern die Autoren den Abend in der Wohnung nichtstreitender pseudo-intimer Partner wie folgt[80]:

Er: »Wie war's denn heute, Liebling?«
Sie: »Ganz gut – und bei dir?«
Er: »Ach, du weißt ja, das übliche.«
Sie: »Möchtest du jetzt deinen Martini on the rocks?«
Er: »Mach nur irgendwas zurecht, Liebling.«

Sie: »Hast du für später etwas Besonderes vor?«
Er: »Ach, ich weiß nicht...«

Die Vermeidung von Streit führt zur Stagnation einer Beziehung, vor allem, wenn die Streitvermeidung aus der Überzeugung heraus erfolgt, Streit gehöre sich nicht bzw. sei einer guten Beziehung unwürdig. Bach und Wyden dazu[81]:

»Der Traum vom romantischen Eheglück ist ein Überbleibsel der Viktorianischen Epoche, die versuchte, vornehmes Verhalten mit Hilfe gesellschaftlichen Drucks hervorzubringen. Doch die Vorstellung, daß ein spannungs- und streitfreies Klima im Hause echte Harmonie hervorruft, ist ein absurder Mythos, geboren aus der Unkenntnis der psychischen Realitäten menschlicher Beziehungen. Streiten ist zwischen erwachsenen Intimpartnern unvermeidlich. Streit und Versöhnung sind Merkmale wahrer Intimpartner. Wie ernst sich ein Erwachsener auch bemühen mag, in Harmonie mit dem Partner zu leben, er wird bereits um seine Vorstellung von Harmonie selbst kämpfen müssen und um einen Kompromiß nicht herumkommen; widerstreitende Interessen gibt es schließlich überall.«

Trotzdem fürchten sich so viele Paare vor einem Streit, aus Angst vor der Belastung, die er mit sich bringt. Wenn sie erst einmal Jahre in ihre stumme, streitlose Gemeinsamkeit investiert haben, muß ja wohl jeder Streit zu Tränen und vielleicht zur Trennung führen. Diese Meinung resultiert aus der Unkenntnis, wie man einen Streit angemessen ausficht, und daß ein guter Streit zu größerer Nähe statt zu Distanz führt. Bach und Wyden propagieren in ihrer Praxis sogar die Maxime: »Täglich ein Streit – das hält den Arzt fern.«[82]

Wenn es um Liebe lernen geht, heißt das also auch, richtig miteinander streiten zu lernen, und auch hierauf wollen wir noch näher eingehen. Lernbereitschaft im Bereich des Denkens und Redens – mit dem Rückschluß auf das Gefühl – sollte dann auch Änderungen beim Verhalten bewirken. Denn wer den anderen besser versteht, spielt andere Spiele, weil er den Nutzeffekt nicht mehr über verborgene Motive gewinnt, sondern im offenen Austausch von Wünschen und Bedürfnissen. Ein verändertes Verhalten meint in diesem Zusammenhang, Nähe und Zärtlichkeit zuzulassen und zu üben, Hingabe an das *Du* zu praktizieren und bei der Befriedigung egoistischer Bedürfnisse zurückzustecken, und zwar aus der Erkenntnis und Akzeptanz heraus, daß die Harmonie des »kleinen Glücks« wichtiger ist, als ein sehnsuchtsvolles Sich-Verzehren in der Hoffnung auf das »große Glück«.

Wenden wir uns nun den Fragen zu, auf die wir eine Antwort geben wollten. Die positive Einstellung zum anderen basiert auf einer positiven Einstellung mir selbst gegenüber. Das leuchtet ein, da ich den anderen nicht positiv sehen kann, wenn ich zu mir eine negative Einstellung besitze. Für das Verhalten vieler Menschen in ihren Partnerschaften ist eine solche Erkenntnis jedoch keineswegs selbstverständlich, wie wir bei den »ungleichen Partnerschaften« gesehen haben, in denen einer den anderen immer als Stütze für das eigene schwache Selbstwertgefühl braucht. Wir sagten schon an anderer Stelle, daß das schwache Selbstwertgefühl, die daraus resultierenden Spiele und das Leid ihre Ursache in einem negativen Denken haben. Auf dieses negative Denken hin wurden wir von Kindheit an »programmiert«. Warum sollte z. B. aus einem Menschen im Leben etwas werden, dem im Elternhaus, in der Schule und im Beruf immer wieder gesagt wurde: »Aus dir wird nie etwas!«. Wenn tatsächliche oder unterstellte Auffälligkeiten, Gebrechen oder Leistungsmängel durch andere immer wieder betont, d. h. »verstärkt« werden, führt das zu einer Verfestigung des negativen Denkens, die ein Leben lang Bestand haben kann. Der Weg aus dieser Sackgasse heraus führt über eine »Umprogrammierung«. In diesem Buch ist es aus Platzgründen leider nicht möglich, die Methode des Mentalpositivismus im einzelnen zu erläutern. Ich möchte jedoch so weit darauf eingehen, daß interessierte Leser angeregt werden, sich damit intensiv zu beschäftigen.

Zur »Umprogrammierung« gehört als erstes eine entsprechende Motivation; d. h. eine Einstellung, aufgrund derer ich sage: »Ich will unter meine Vergangenheit einen Schlußstrich ziehen«, bzw. »Ich will mich mit all meinen Fehlern und Nachteilen positiv sehen und insgesamt positiv denken.« Das führt zum zweiten Schritt, der Selbstbeobachtung, d. h. festzustellen, wo und wie stark ich negativ denke und rede, um mich dann in jeder dieser Situationen zu fragen: »Kann ich das nicht auch positiv empfinden und ausdrücken?«

Wenn ich von »Umprogrammierung« spreche, so sollte kurz erläutert werden, was darunter zu verstehen ist. Dazu muß man den Aufbau und die Funktionsweise unseres Gehirns kennen. Für unser Thema bedeutsam ist dabei die Unterscheidung von Bewußtsein und Unterbewußtsein. Wenn wir denken, reden und handeln, so geschieht das überwiegend bewußt: Wir wissen, was wir denken, sagen und tun. Auch die Empfindungen wie Schmerz, Freude oder Trauer werden im Gehirn identifiziert. Das verstandesbetonte Bewußtsein arbeitet nach logischen Grundsätzen. Zwei und zwei ist vier; ein anderes Ergebnis würde das Bewußtsein als falsch zurückweisen. Im wachen, gesunden und konzentrierten Zustand übt das Bewußtsein seine Zensor-Funktion streng aus, damit wir uns »vernünftig« verhalten. Nun kennen wir alle die Fälle, daß wir uns manchmal durchaus »unvernünftig« verhalten, daß uns der »Teufel reitet«, wie man so schön sagt, und das oftmals wider besseres Wissen. Die Erklärung dafür liegt in unserem »Unterbewußtsein«. Hier sind die Lebens- und Überlebensprogramme gespeichert. Bewußtsein und Unterbewußtsein »arbeiten« miteinander und beeinflussen sich gegenseitig; d. h., die Grenze ist durchlässig. So besitzt das Unterbewußtsein für das Bewußtsein insbesondere Entlastungsfunktion. Viele Bewußtseinsinhalte sinken nach einiger Zeit ins Unterbewußtsein ab und werden dort automatisiert. Aussagen wie: »Das habe ich ganz automatisch getan« sprechen dafür. Deutlich machen kann man sich diese Abläufe am Beispiel des Autofahrens, das über das Bewußtsein gelernt wurde, um später vom Unterbewußtsein ausgeführt zu werden. Man vergegenwärtige sich, wie Autofahren gelernt wird: Fußbremse treten, Handbremse lösen, Kupplung treten, Gang einlegen, Kupplung kommen lassen und Gas geben – welch ein aufwendiger, komplizierter Vorgang, für den mit Recht viel Lernzeit benötigt wird. Und wie leicht und »automatisch« läuft dieser Vorgang später ab, ohne daß wir es uns bewußt machen müssen. Und dies geschieht mit Hilfe des Unterbewußtseins.

Im Gegensatz zum rational-abstrakten Bewußtsein arbeitet das Unterbewußtsein mit Bildern. Erfahrungstatsache dafür sind unsere Träume, in denen sich das Unterbewußtsein Ausdruck und Geltung verschafft. Die Bilder des Unterbewußtseins sind im Gegensatz zum unbestechlichen Zensor des Bewußtseins zu beeinflussen und zu ändern: Die Negativprogrammierung in Form von Negativbildern kann durch positive Bilder ersetzt werden. Das ist mit »Umprogrammierung« gemeint.

Ich sprach an früherer Stelle bereits von der Perseveration negativer Bewußtseinsinhalte, durch die diese aufrechterhalten werden. Wenn es darum geht, das Unterbewußtsein »umzuprogrammieren«, so müssen gegen die Negativbilder positive verinnerlicht werden, und zwar mit derselben Emphase, mit der die negativen Bilder eingeprägt wurden. Für mich und meine Partnerschaft bedeutet dies – wie bereits früher ausgeführt –, die positiven Erfahrungen zu visualisieren, um dadurch die negativen Bilder zu löschen. Die quasi-fotomechanische Arbeitsweise des Unterbewußtseins macht dies möglich. Zur Ergänzung sei hier noch darauf hingewiesen, daß eine solche Umprogrammierung nur im Zustand der Entspannung möglich ist, weil das Unterbewußtsein nur im entspannten Zustand zugänglich und beeinflußbar ist. Dies findet seine Erklärung in den elektro-magnetischen Verhältnissen unseres Gehirns, das im konzentrierten Zustand Beta-Wellen von 16 bis 24 Hertz produziert, während es im entspannten Zustand Alpha-Wellen von lediglich 8 bis 12 Schwingungen pro Sekunde sendet. In diesen Alpha-Rhythmus kann ich mich bewußt hineinversetzen durch Atem- und Entspannungsübungen.

Notwendige Hilfsmittel für die Umprogrammierung des Unterbewußtseins sind im Zustand der Entspannung bildhafte Suggestionen wie »Ich bin ein Elefant« oder »Ich räume Hindernisse aus dem Weg«, mit deren Hilfe positive Bilder im Unterbewußtsein verfestigt werden. Bezüglich von Details für die Durchführung solcher Übungen sei auf die einschlägige Literatur verwiesen. Skeptiker, die bei dem Wort »Umprogrammierung« an Humbug denken, möchte ich auf die

Heilerfolge des autogenen Trainings bzw. der Hypnose verweisen. Nicht zuletzt durch die Erfahrung mit sogenannten Placebo-Präparaten, die keinen Wirkstoff enthalten, aber dennoch eine erstaunliche Heilwirkung erzielen, wurde bewiesen, daß der Geist die Materie beherrscht; sprich, daß wir über das Unterbewußtsein unsere Lebenspläne verändern können. Um gesund zu werden, bedarf es nur zur Unterstützung wirksamer Medikamente – die Heilung besorgt der Geist. Andererseits: Wenn sich der Geist – das Unterbewußtsein – krank sieht und nicht gesund werden möchte, findet nicht nur keine Heilung statt, sondern der Mensch besitzt auch wenig Überlebenschancen. Diese Zusammenhänge zwischen Geist und Materie sind in der Medizin heute durch vielfache Untersuchungen belegt, bis hin zu Karzinom-Bildungen, bei denen der Überlebenswille über den kranken Körper triumphieren kann.

Wenn es darum geht, Liebe zu lernen, so gehört dazu auch, so sagten wir eingangs, die richtige Kommunikation, bei der sich deshalb viele schwertun, weil sie auch die nie gelernt haben. Lutz Schwäbisch und Martin Siems führen in ihrem Buch »Anleitung zum sozialen Lernen«[83] allein elf Kommunikationsregeln auf, die es für ein gutes partnerschaftliches Gespräch zu lernen gilt. Sie lauten:

1. Äußere deine Interessen
2. Experimentiere mit dir
3. Störungen haben Vorrang
4. Bitte bei defensiver Kommunikation um eine Pause
5. Eigene Meinungen statt Fragen
6. ›Ich‹ statt ›man‹ oder ›wir‹
7. Keine Vorwürfe
8. Keine ›alten Hüte‹
9. Versuche, partnerzentriert zu reagieren, bevor du deine eigene Meinung sagst
10. Gib Feed-back, wenn du das Bedürfnis hast
11. Wenn du Feed-back erhältst, hör ruhig zu

Für die wichtigsten halte ich:

– Äußere deine Interessen
  Sei dir bewußt, daß du und dein Partner verschiedene Menschen sind, die zum Teil gleiche und zum Teil unterschiedliche Interessen haben... Äußere frei deine Interessen, aber erwarte nicht, daß dein Partner sie stets so erfüllen sollte, wie du es dir vorstellst.

– Störungen haben Vorrang
  Falls du dich in einem Gespräch ängstlich, verärgert, peinlich berührt, verletzt oder traurig fühlst, dann... teile deinem Partner zunächst mit, wie du dich fühlst... Ist diese Störung behoben, dann wird das Gespräch wieder aufgenommen.

– Keine Vorwürfe
  Vermeide, deinen Partner anzuklagen, ihm Vorwürfe zu machen oder auf andere Weise ein schlechtes Gewissen zu erzeugen. Wenn du anders denkst als er, dann lasse ihm seine Meinung und sage dazu, was du meinst...
  Wenn du dir von deinem Partner eine Änderung wünschst, dann drücke das als Wunsch und nicht als Vorwurf aus.

Gerade die letzte Kommunikationsregel »keine Vorwürfe« wird am häufigsten in Gesprächen zwischen Partnern verletzt, weil ein eben begonnenes Gespräch sehr schnell in gegenseitige Vorwürfe ausartet und damit letztlich in Beschimpfungen endet. Ein weiterer Versuch, miteinander »vernünftig« zu reden, unterbleibt dann leicht, weil schon die Vorstellung, daß ein Gespräch wieder so enden wird, Angst erzeugt.

Es wäre allerdings zu einfach, anzunehmen, man brauche nur diese Kommunikationsregeln zu lernen, und schon würde man sich wunderbar verstehen. In Beziehungen, in denen sich beide weitgehend »anschweigen« oder nur noch über Banalitäten reden, helfen den Partnern diese Kommunikationsregeln wenig, da der Gesprächsfaden zwischen ihnen abgeschnitten ist. Bevor also ein Gespräch unter Einhaltung der vorgenannten Regeln stattfinden kann, muß erst einmal der Gesprächsfaden wieder geknüpft werden. Deshalb empfiehlt es sich für Paare, die sich »nicht mehr viel zu sagen haben«, aber dennoch den Wunsch besitzen, sich wieder etwas sagen zu können, folgende Übung vorzuschalten: Er und sie nehmen ein Blatt Papier und notieren unter der Überschrift: »Das wünsche ich mir von dir«, all das schriftlich, was sie sich bisher schon immer einmal sagen wollten, aber aus verschiedensten Gründen nicht gewagt haben zu sagen. Dafür sollten sich die Partner möglichst viel Zeit nehmen, damit auch möglichst viel aufs Papier kommt. Anschließend tauschen sie die Blätter aus und, wichtig(!), beginnen nicht gleich mit der Kommentierung, sondern lassen die notierten Wünsche erst einmal in Ruhe auf sich wirken. Kommentare wie: »Was soll der Blödsinn?« oder »Fällt dir wirklich nichts Gescheiteres ein?« würden nämlich bereits in der Anfangsphase jedes mögliche Gespräch torpedieren.

Erfahrungen aus meiner Beratungspraxis zeigen, daß es kaum einen Fall gibt, wo nicht auf den beiden Blättern ein oder mehrere identische Wünsche stehen. Das überrascht die Partner häufig, weil sie sich bis dahin so sehr in Negativvorstellungen vom anderen vertieft hatten, daß sie der Meinung waren, es gäbe überhaupt nichts Verbindendes mehr zwischen ihnen. Über den identischen Wunsch sollten dann beide das Gespräch beginnen, selbstverständlich unter Berücksichtigung der Kommunikationsregeln, und am besten so, daß sie sich erst einmal sagen, warum sie diesen Wunsch haben. Dies sollte bei identischen Wünschen nicht schwerfallen, führt im späteren Verlauf des Gesprächs jedoch auch dazu, daß die Partner sich über unterschiedliche Wünsche verständigen können.

Wichtig ist, daß die Partner sich zuhören, statt sich gegenseitig ins Wort zu fallen. Als Methode für ein gutes Gespräch eignet sich deshalb am besten das sogenannte »aktive Zuhören«, bei dem dem Sprecher durch Gesten wie Kopfnicken, Ansehen und bestätigende Laute wie »Hm«, »Aha«, »Ja« signalisiert wird, daß man zuhört und sich mit den vernommenen Äußerungen beschäftigt. Auch Sätze wie »Ich verstehe« oder »So siehst du das also« zeigen ein verständnisvolles, aktives Zuhören an.

Das Gespräch läßt sich zusätzlich durch akzeptierendes Zuhören fördern, indem Äußerungen des Gesprächspartners mit eigenen Worten nochmals wiederholt werden. Das klärt im Sinne des »Senders«, ob er sich klar ausgedrückt hat, und auf seiten des »Empfängers«, ob er die Mitteilung richtig gedeutet hat. Ein solches Vorgehen empfiehlt sich immer dann, wenn ein Gesprächspartner im Gespräch plötzlich sagt: »So habe ich das nicht gemeint« oder »Du hast mich falsch verstanden«. Die Wiederholung einer Aussage mit eigenen Worten kann eingeleitet werden durch Satzanfänge wie: »Du meinst also...« oder »Habe ich dich richtig verstanden...«

Wer sich intensiver für das Erlernen richtiger Kommunikation interessiert, sei nochmals auf das verdienstvolle Buch der Autoren Schwäbisch und Siems verwiesen, das eine Reihe von Partnerspielen anführt, mit deren Hilfe sich soziales Verständnis lernen läßt.

Eine weitere Frage, die wir diskutieren und klären wollten, betrifft das richtige Streiten, von dem wir sagten, daß es unbedingt gelernt werden muß, wenn Liebe gelernt und erhalten werden will. Wie beginnt man einen guten Streit? Dazu führen Bach und Wyden, die ein umfangreiches Streittraining entwickelt haben, aus: »Die meisten Ehen sind chronische Beschwerdegesellschaften. Der Ehemann läßt seine Socken ständig auf dem Fußboden im Wohnzimmer liegen. Die Ehefrau verwandelt das Badezimmer dauernd in eine Wäscherei. Er vergißt stets, den Wagen zu tanken. Sie bringt immer die Zeitung durcheinander, ehe er damit fertig ist. Er reißt auf Partys ständig das Gespräch an sich. Sie ist dauernd zu müde für die Liebe. Und so weiter und so fort. Es spielt kaum eine Rolle, welcher Partner sich zum soundsovielten Male über welche Quelle ewiger Verärgerung beklagt; wenn das Paar untrainiert ist, schleppt sich die Auseinandersetzung etwa folgendermaßen hin:

Partner A (erschöpft): »Ich weiß, ich weiß, Gott, wie oft haben wir das wohl schon durchgekaut! Ich weiß, daß du es nicht leiden kannst.«

Partner B (erbittert): »Zum Teufel noch mal, warum hörst du denn dann nicht damit auf?«

A: »Ich habe es dir immer wieder gesagt! So bin ich nun einmal. Weißt du das inzwischen nicht selbst?«

B: »Gewiß. Aber ich werde mich nie daran gewöhnen, und es bringt mich auf die Palme.«

A: »Warum bleibst du mir nicht endlich vom Hals mit den ewig gleichen alten Geschichten? Was hat es denn für einen Sinn? Du weißt, daß ich mich nicht ändern kann.«

B: »Nun, ich auch nicht...«[84]

Die Autoren kommentieren dieses Gespräch wie folgt:

»Hier haben wir es mit einem Karussell zu tun, von dem untrainierte Paare nicht wieder herunterkommen, weil sie der Ansicht sind, daß man Menschen nicht ändern kann.« Eine solche Einstellung, meinen Bach und Wyden, »...hemmt die notwendige Phantasie und die Initiative, die Partner brauchen, um neue Lösungen zu finden.«[85]

Nach Meinung von Bach und Wyden können sich zwei Menschen in ihrem Miteinander also ändern. Ob es sich dabei tatsächlich um Veränderungen des »inneren Milieus« (Lewin) handelt, läßt sich bezweifeln, wenn die Autoren ausführen: »Veränderungen vorzunehmen ist leichter, als die meisten glauben, da die Alternativen fast zahllos sind. Man kann sein Ich ändern. Oder das des Partners. Oder die Art, wie man mit anderen verfährt. Oder das eigene Milieu. Vielleicht braucht der Partner, der den anderen ärgert, nur ein wenig taktvoller zu sein und nur dann etwas zu unternehmen, wenn der andere guter Stimmung und deshalb eher fähig ist, ›es zu ertragen‹. Oder der belästigte Partner fordert gewisse Verbesserungen in den Lebensbedingungen oder irgendeine andere Kompensation dafür, daß er sich mit der Belästigung abfindet. Oder der belästigte Partner versucht, den anderen dazu zu bringen, daß er gerade an der Tätigkeit teilnimmt, die er als belästigend empfindet (Trinken, Golfspielen, Fluchen, Rauchen, In-die Kirche-Gehen, den Geschlechtsverkehr auf eine bestimmte Weise ausüben oder was es sonst sein mag).«[86]

Was Bach und Wyden hier als Änderungsmöglichkeiten anführen, halte ich lediglich für die Umgestaltung von Situationen bzw. für eine Rücksichtnahme auf Bedürfnisse des anderen. Insofern ist sicher eine »Änderung« möglich. Das eigene Ich oder das des Partners zu ändern, ist meiner Meinung nach nur mit großem psychoanalytischem Aufwand bzw. nach entscheidenden Erlebnissen möglich. Über geläufige Änderungsversuche, die darauf hinauslaufen, dem anderen die eigenen Bedürfnisse aufzuzwingen und ihn im eigenen Sinne »zu ändern«, sprach ich bereits an früherer Stelle, wobei ich darauf hinwies, daß solche »Änderungen« nur zeitweise und bedingt Erfolg haben.

Ein Streit zwischen zwei Partnern hat den Vorteil, daß er die beiderseitigen Bedürfnisse offenlegt. Bedingung für einen produktiven Streit ist jedoch die Bereitschaft zur »offenen Aussprache«. Aber selbst wenn die gegeben ist, darf kein Streit begonnen werden, bevor sich die Streiter nicht selbst darüber klargeworden sind, was auf dem Spiel steht, und wieweit sie ihren Standpunkt durchsetzen wollen. Diese Klärung ist vorher notwendig, weil man keine aufrichtige Auseinandersetzung führen kann, ehe man das nicht mit sich selber getan hat. Bach und Wyden[87] empfehlen folgende Vorgehensweise:

1. Einen »inneren Dialog« vor dem Streit zu führen
2. Zu klären, worum eigentlich gestritten werden soll
3. Dabei die Grenze festzulegen, über die hinaus nicht mehr verhandelt werden kann
4. Eine Auseinandersetzung zeitlich zu verabreden
5. Vorher keinen Alkohol zu trinken

Mit »innerem Dialog« ist gemeint, sich selbst eine Antwort zu geben auf Fragen wie:

»Ist das wirklich mein Streit, oder geht es eigentlich um einen anderen?«

»Habe ich einen legitimen Grund, ein Hühnchen mit meinem Partner zu rupfen?«

»Bin ich wirklich überzeugt, daß das Handeln oder die Einstellung meines Partners schlecht für unsere Beziehung ist?«

»Was steht hier auf dem Spiel? Was bedeutet mir dieser Streit wirklich?«

»Wie wird mein Partner reagieren? Welchen Preis werde ich zahlen müssen, um meinen Standpunkt durchzusetzen? Ist diese Sache wirklich eine mögliche Vergeltung oder den Ärger meines Partners wert?«

Ein solcher innerer Dialog verhindert, daß sich die Partner überfallartig auf einen Streit einlassen, und er kann sogar »zu einem vollausreichenden Ersatz für destruktive Streitrituale (werden)«[88]. Wenn die Partner sich mit Hilfe des inneren Dialogs über das »Warum« des Streites im klaren sind, sollten sie eher bereit sein, zu überlegen, worum sie eigentlich streiten, entsprechend der Fragestellung: »Welches sind die wichtigsten Streitpunkte, die zwischen uns stehen?« Dabei gibt es bei Streitpartnern immer Grenzen, an denen sie keineswegs nachzugeben bereit sind. Diese Grenze sollte jedem Beteiligten schon vor dem Streit klar sein, und er sollte mit dem Partner offen darüber sprechen und ihm erklären, wo der Punkt liegt, über den nicht mehr verhandelt werden kann.

Sich zu einem Streit zu verabreden, werden viele Leser sicherlich für töricht halten. Das räumen auch Bach und Wyden ein, »aber je ruhiger und bewußter ein Angreifer seine Gedanken vor einer aggressiven Begegnung ordnen kann, desto wahrscheinlicher ist es, daß sich der Streit auf eine bestimmte Frage beschränkt und daß sich der Gegner gezwungen fühlt, mit ruhigen, konstruktiven Gegenvorschlägen zu kommen. Es ist wie eine Verhandlung über Lohnfragen, lange bevor der Tarifvertrag abgelaufen ist, und nicht erst dann, wenn die Gewerkschaft bereits beschlossen hat, einen Streik auszurufen.«[89]

Nach den Alltagserfahrungen wird ein Streit oftmals unter Alkoholeinfluß geführt, weil viele meinen, zum Streiten brauche man Mut, und der Alkohol vermindere ihre Hemmungen. Nach den Erfahrungen von Bach und Wyden »ist kein ungewöhnlicher Mut erforderlich, solange die Partner nur wissen, daß sie sich einem fairen und konstruktiven Streit stellen.«[90]

Warum diese Regeln für das Streiten? Bach und Wyden weisen nachdrücklich darauf hin, »daß in intimen Beziehungen ›Gewinnen‹ teurer sein kann als ›Verlieren‹. In einem Boxkampf zwischen Fremden gibt es nur ein naheliegendes Ziel: den raschen Sieg, möglichst durch Knockout. Für einen Streit zwischen Intimpartnern gelten völlig andere Regeln. Schließlich sollte ein konstruktives Wortgefecht (wenn es das auch oft genug nicht ist) nur ein Glied in einer Kette von Schritten sein, mit deren Hilfe die Intimpartner zur Lösung ihrer unvermeidlichen Konflikte gelangen. Das Ziel ist alles andere als ein Knockout. Es ist vielmehr der Versuch, das Klima zu verbessern für das ständige Geben und Nehmen in der Ehe.«[91]

Und weiter: »Daraus folgt, daß der einzige Weg, wie man intimen Streit gewinnen kann, der ist, daß beide Partner ›Sieger‹ sind. Das klingt unlogisch, wenn nicht gar unmöglich. Doch das ist es nicht. Manchmal ist es lediglich eine Frage von unvernünftig und mit gutem Willen geführten Verhandlungen. In dem klassischen Urlaubskampf um die Frage, ob man ins Gebirge oder an die See fahren solle, können beispielsweise beide Partner siegen, wenn sie vereinbaren, das Urlaubsziel jährlich zu wechseln, und wenn sie eine Münze werfen, um zu entscheiden, wessen Lieblingsziel zuerst an die Reihe kommt, oder wenn sie eine neue dritte Möglichkeit suchen, etwa die, zu Hause zu bleiben. Selbst sexuelle Probleme können manchmal dadurch gelöst werden, daß man beide Partner zu ihrem Willen kommen läßt – abwechselnd.«[92] Interessierten »Streithähnen« unter meinen Lesern sei das Buch »Streiten verbindet« nachdrücklich empfohlen.

Wie sieht das Resümee aus? – Wenn es darum geht, Liebe zu lernen und sich zu bewahren, kann man eigentlich nicht früh genug damit anfangen, Illusionen und Enttäuschungen zu vermeiden und erst gar nicht auf die Idee zu kommen, im Paradies ließe sich lieben. Wie wir gesehen haben, läßt sich in einer illusionären und idealen Welt mit einer Sehnsucht nach dem großen Glück nicht leben. Gerade die »perfekte Partnerschaft« lebt, ihrem Wesen nach, auschließlich von Illusionen. Deshalb soll ihr das abschließende Kapitel gewidmet sein, mit einem Ausblick auf die echte Liebe.

Die Illusion der »perfekten Partnerschaft«

Wir alle suchen nach Liebe und stellen sie in unseren Wünschen über alles. Trotzdem scheitert in Deutschland bald jede zweite Ehe. Das sollte uns dem Weg gegenüber skeptisch machen, auf dem wir Liebe zu finden hoffen. Unser größter Fehler bei der Suche nach Liebe ist wohl der, daß es unbedingt das nicht mehr steigerungsfähige »große Glück« sein muß, also eine Verbindung aus Liebe. Die Vernunftehe als kleines, aber oftmals besseres Glück, gerät dagegen in Verruf als Versorgungsinstitution ausschließlich für solche, die keinen Liebespartner finden.

Ehen werden im Himmel geschlossen, so die weitverbreitete Meinung, was heißen soll: im Paradies. In dieser ersten Illusion sind alle weiteren Illusionen einer perfekten Partnerschaft, die einzig und allein auf Liebe gebaut sein darf, begründet. Woran »erkennen« zwei Menschen, nach ihrer festen Überzeugung, daß sie füreinander bestimmt sind? Am »Blitz«, der wie ein Urerlebnis über sie kommt, sie versengt und alle Vernunft vergessen läßt. Statt der Vernunft regieren in Folge Illusionen das Empfinden dieses Liebespaares; z. B. daß ein solcher Blitz mit Freude, Jubel und permanentem Sonnenschein ein ganzes Leben anhalten wird. Genährt wird ein solcher Glaube durch das Gefühl beider Partner, daß sie ineinander verschmolzen sind und ineinander aufgehen. Zwei Seelen scheinen eins zu werden. Kann es etwas Schöneres geben?

Sicher ist eine solche Symbiose am Anfang wichtig für die Festigung der Partnerschaft. Aber statt zu bedenken, daß die Ablösung aus der symbiotischen Beziehung zwangsweise erfolgen muß, weil Liebe ihr Gesicht wandelt und nur durch eine Ablösung die Liebe bewahrt werden kann, tun zwei blitzgeschädigte Partner alles, um einen solchen ersten kritischen Punkt ihrer Beziehung zu vermeiden. Eigene Bedürfnisse und Wünsche werden unterdrückt, was der eine will,

will auch der andere. Plötzlich interessiert er/sie sich für Musik, Sport oder Freizeitaktivitäten, die er/sie früher abgelehnt oder verachtet hat. Spätestens in diesem Stadium sollte sich die Vernunft zu Worte melden, wenn es dafür nicht schon zu spät ist. Denn im Gegensatz zur Vernunftehe, die keine Symbiose kennt und nur scheitern kann, wenn einer Liebe fordert, wird die Liebesehe durch Forderung nach Vernunft gefährdet, und die kommt bestimmt. Um die Liebe nicht aufs Spiel zu setzen, sollte die Vernunft von Anfang an in einer Liebesbeziehung nicht ganz ausgeklammert werden. Die sogenannte »Vernunft« zweier Liebender besteht hingegen oftmals nur darin, daß sie Verständnis füreinander haben, jederzeit und umfassend. Das scheint ihnen das äußerste Maß an »Vernunft« zu sein, dessen sie fähig sind. Statt einer Ablösung wird hierdurch jedoch nur die Symbiose zum Schaden der Liebe gefestigt. Die rosarote Brille ist ja so schön.

Verliebte Paare leben am Anfang ihrer Beziehung vor allem im Zustand der Symbiose, auch in der Illusion, daß ihr vom Blitz erhelltes gemeinsames Leben nur Lust beinhalten dürfte. Für Unlust ist in den Vorstellungen solcher zwei Menschen überhaupt kein Platz. Bei der Lust, die es zu genießen gilt, handelt es sich insbesondere um sexuelle Lust, von der angenommen wird, daß sie über die Zeit so stark bleiben wird wie am Anfang. Sollte nach einer gewissen Zeitspanne doch Unlust entstehen, so kann das nur am Partner liegen, weil der einfach nicht so perfekt ist wie man selbst. Und statt eine Auseinandersetzung mit den die Lust trübenden Gründen zu suchen, trennt man sich lieber und sucht die Lust an anderer Stelle. Da ein offenes Beziehungssystem wie das unserige heutzutage Alternativen gegenüber dem geschlossenen System früherer Generationen bietet, wo Trennung mit gesellschaftlicher Ächtung einherging, kann die Suche nach Lust, als scheinbarer Qualität der perfekten Partnerschaft zu einem permanenten Kreislauf werden. Wer Lust als unabdingbares Kriterium einer funktionierenden Beziehung betrachtet, für den ist eine Partnerschaft eben nur so lange perfekt, wie sie Befriedigung von Lust verspricht.

Mit dem Lustgedanken verträgt sich natürlich auch überhaupt nicht die Vorstellung, Leid ertragen zu müssen. Warum auch? Wenn der andere immer das tut, was ich möchte und mir Lust verschafft, wozu er da ist, kann er mir doch kein Leid antun. Dies ist eine so herrlich paradiesische Vorstellung und so voller kindlicher Naivität, daß man solchen Menschen unterstellen muß, die Vertreibung aus dem Paradies nicht mitbekommen oder den Fluch Gottes zumindest verdrängt zu haben.

Zu den Verdrängungen bzw. Illusionen einer perfekten Partnerschaft gehört auch, daß darin kein grollender Donner vorkommen darf, der sich in Streit entlädt. Sich niemals zu streiten gehört geradezu zu den vorrangigsten Qualitäten der perfekten Partnerschaft. Manche Paare haben dies so perfektioniert, daß es ihnen tatsächlich ein ganzes Leben nicht gelingt, sich zu streiten. Wann immer sich die Möglichkeit abzeichnet, daß es wegen unterschiedlicher Bedürfnisse zu einer Auseinandersetzung kommen könnte, geht man dieser »Bedrohung« aus dem Wege. Wörtlich dadurch, indem man Meinungsverschiedenheiten mit der Bemerkung »wir sind doch erwachsene Menschen« oder »wir lieben uns doch« vom Tisch wischt, oder besser: unter den Teppich kehrt. An den »psychischen Sprengstoff«, der durch aufgestaute Emotionen entsteht und im Laufe der Zeit immer größer und explosiver wird, denkt dabei niemand. Nur in »toten Partnerschaften«, bei denen Versorgungsgesichtspunkte oder äußerster Gleichmut gegenüber dem Partner vorherrschen und Grund für ein Zusammenleben sind, gelingt es, eine Explosion zu vermeiden.

Wer ständige Lust und niemals Unlust, nur Freude und kein Leid zu Kriterien einer perfekten Partnerschaft macht und das irdische Leben als reines Freudental versteht, der unterliegt einer doppelten Illusion, erwartet er doch von sich und vom anderen, daß das Leben keine Veränderungen mit sich bringt. Bezogen auf die Partnerschaft ist das insofern erstaunlich, weil die Menschen auf allen Gebieten für sich in Anspruch nehmen, sich zu verändern, Neues zu lernen und sich weiterzuentwikkeln. Für den Sommer der Liebe wird hingegen angenommen, daß er nie von Herbst oder Winter abgelöst werden kann.

Wenn in allen anderen Bereichen auch die Tatsache eines

lebenslangen Lernens akzeptiert wird – für die Partnerschaft wird eine solche Notwendigkeit strikt geleugnet. Weil sie von Anfang an (illusionär) als perfekt angesehen wird, braucht man nichts zu investieren und in der Liebe nichts zu lernen. Für die Partnerschaft etwas zu lernen, wird nicht nur als überflüssig angesehen, sondern von vielen geradezu gefürchtet. Birgt Lernen doch die Gefahr in sich, den schönen Schein und die Sicherheit, die eine Illusion bietet, zu zerstören. Erstaunlich ist diese Illusion, daß sich zwar das Leben, nicht aber die Liebesbeziehung ändert, insofern, als der Mensch der Veränderungen, die in ihm und um ihn herum stattfinden, gewahr wird und sie sich in den meisten Fällen auch erklären kann. Ja, man kann sogar von einem dem Menschen innewohnenden Drang zur Veränderung sprechen. Und für die Partnerschaft soll davon nichts gelten? So erstaunlich diese Tatsache auch ist, so sehr beweist sie doch, daß Illusionen nicht mit logischen Argumenten beizukommen ist. An was der Mensch glauben will, daran glaubt er, spräche auch noch so viel dagegen. Und an was er sich klammert, gibt ihm (vermeintlich) Sicherheit. Aus der Angst vor Verunsicherung, die eine Auseinandersetzung mit Veränderungen in der Partnerschaft notwendigerweise mit sich bringt, übersieht er geflissentlich die Gefahr, die er heraufbeschwört, wenn er gegenüber Wandlungen die Augen verschließt.

Veränderungen aus sich selbst heraus negiert die Illusion der perfekten Partnerschaft, während sie Formung des anderen geradezu verlangt, wenn er nicht ihren Forderungen entspricht, also noch unperfekt ist. Die Illusion geht dabei so weit zu glauben, den anderen schon so perfekt hinbiegen zu können, daß er ein Abbild meiner selbst wird, mit meinen Bedürfnissen und meinen Wünschen. Manche Männer und Frauen entwickeln geradezu einen missionarischen Eifer, dem Partner jegliche Individualität auszutreiben, einmal aus der Überzeugung heraus, das der perfekten Partnerschaft schuldig zu sein, und andererseits im Glauben, eine solche Umformung auch erreichen zu können. Da die Illusion der perfekten Partnerschaft erfordert, daß zwei Seelen eins zu werden haben, hat sich der andere, der sich uneins weiß oder verhält, bitteschön anzupassen, d. h. verformen zu lassen. Ich wies bereits an früherer Stelle darauf hin, daß solche Versuche nur bedingt und auch nur zeitweise gelingen, weil sich die Individualität doch immer durchsetzen dürfte, bzw. weil auch ein schwächerer Teil mit der Zeit Stärke und Eigenständigkeit entwickeln kann. Gerade die Emanzipation der Frauen hat bewiesen, wie vergeblich Domestizierungsversuche des Patriarchats waren und Illusionen, an denen die Männer über viele Generationen hingen, zunichtegemacht. Die Unsicherheit vieler Männer Frauen gegenüber hat im Verlust der Illusion, Frauen nach ihren Vorstellungen formen zu können, eine wesentliche Ursache.

Fassen wir zusammen: Die vielfachen Illusionen einer perfekten Partnerschaft gaukeln zwei Menschen, die damit leben, ein Schlaraffenland der Liebe vor, in dem Milch und Honig fließen und dem Menschen die gebratenen Tauben in den Mund fliegen. In einem solchen Paradies wird die Partnerschaft nie und durch nichts getrübt. Weil der Mensch über Phantasie verfügt, sind Illusionen ein Teil seiner Existenz, ohne die er oft den Tag nicht überstehen würde. Wer seine Existenz oder Partnerschaft jedoch auf Illusionen gründet, sieht diese manchmal sehr rasch vom rauhen Wind der Realität hinweggeweht. Wie bei einer Wetterblume bleibt dann nur der nackte Stengel. Was bedeutet das alles für die Liebe außerhalb des Paradieses? Betrachten wir dazu das, was wir auf den letzten Seiten sagten, nochmals unter Realitäts-Gesichtspunkten und ohne Illusionen, da *echte* Liebe *keine* Illusion ist.

Liebe ist Blitz *und* Donner: Entgegen landläufiger, illusionärer Meinung möchte ich behaupten: Liebschaften, Partnerschaften und Ehen müssen auf Erden geschlossen werden und nicht im Himmel. Wenn dazu ein »himmlischer Blitz« als Initialzündung wirkt, um so besser. Nur: Liebe ist Blitz *und* Donner, und zwischen diesen Polaritäten vollzieht sich eine Partnerschaft. Der Blitz allein ist keine tragfähige Basis für eine langjährige Gemeinschaft. Ein Rauschzustand am Anfang einer Liebe ist schön, aber gefährlich, denn wer kann schon ständig im Rausch leben? Jubel und Freude folgt Ernüchterung. Damit das Erwachen nicht zur Enttäuschung wird, darf die Vernunft nie ganz ausgeschaltet werden, vor allem nicht bewußt nach dem Motto: »Gefühl ist alles, Verstand ist hinderlich.« Echte Liebe betrachtet den Traummann/die Traumfrau nicht nur durch die rosarote Brille, sondern sieht ihn bzw. sie mit seinen/ihren Vorzügen **und** Fehlern.

Liebe ist Symbiose *und* Ablösung: Wer in einer Beziehung nur in Symbiose lebt, macht sich abhängig. Die Vorstellung eines Gleichklangs von zwei Seelen ist zu schön, um wahr zu sein. Zwei Liebende bleiben zwei Individuen mit unterschiedlichen Wünschen und Bedürfnissen. Insofern muß neben die Symbiose, die zeitweise und auf bestimmten Gebieten immer gegeben ist, die Ablösung treten aus nüchterner Einsicht, daß die eigene Individualität auch in einer Partnerschaft nicht verlorengeht.

Liebe ist Verständnis *und* Unverständnis: Wie soll man den Charakter eines Menschen, der durch Erbanlage, Prägung und Erfahrung geformt wurde, ständig und in jedem Bereich verstehen? Die Liebe schafft ein einfühlendes Verstehen; das ist viel, aber auch wenig. In manchen Äußerungen, Ansichten und Verhaltensweisen muß mir der geliebte Partner fremdbleiben, ohne daß dies die Liebe gefährden sollte.

Liebe ist Übereinstimmung *und* Streit: Soviel Übereinstimmung kann es in einer lebendigen Beziehung nicht geben, daß Paare nicht auch einmal uneinig sind. Wo die Übereinstimmung aufhört, beginnt die strittige Auseinandersetzung, die natürlich und gesund ist. Für den Bestand der Liebe ist Streit insofern von entscheidender Bedeutung, als er zum besseren Verständnis des anderen führt und damit die Beziehung stärkt, statt zu schwächen. Das heißt, den Streit suchen, statt ihn zu vermeiden. Wobei es jedoch von entscheidender Bedeutung ist, daß der Streit als Stärkungsmittel für die Beziehung gesucht und geführt wird. Wer Streit mit Beschimpfung verwechselt, erreicht mit Sicherheit das Gegenteil.

Liebe ist Lust *und* Unlust: Ein Streit ist sicher nicht lustig, kann jedoch zu neuer Lust führen. Das ist kein Widerspruch in sich, sondern der Beweis für die Wirkungsweise des polaren Spannungsfeldes, in dem die Pole von Lust und Unlust in

Interaktion zueinander stehen und sich bedingen. Lust ist nur aus Unlust heraus zu verstehen und umgekehrt. Welcher Liebende wollte in Kenntnis dieser Tatsache nicht auch die Unlust in Kauf nehmen, wenn er anschließend die Lust um so besser genießen kann.

Liebe ist Freude *und* Leid: Was des einen Freud', ist des anderen Leid. In diesem Sprichwort kommt deutlich zum Ausdruck, daß beides keine Gegensätze sind. Eine gleiche Ursache führt zu unterschiedlichen Gefühlen. Während sich ein Mensch über Sonnenhitze freut, leidet ein anderer darunter. Regenwetter macht Spaß oder ist Grund für Ärger und Verdrossenheit. Auch hier haben wir es also wieder mit dem Wechselspiel zweier scheinbarer Gegensätze zu tun, die einfach zusammengehören. Leid gehört zur Liebe wie Unlust zur Lust, Streit zur Einigkeit oder Ernüchterung zum Rausch.

Liebe ist Sicherheit *und* Angst: Liebe vermittelt Sicherheit, daß der andere mich begehrt, für mich da ist und mir Zärtlichkeit und Wärme gibt. Das ist schön und richtig, denn zwei Menschen, die zusammengehen, tun das in der Hoffnung, sich gegenseitig zu bereichern und dadurch mehr vom Leben zu haben, entsprechend der Erkenntnis der Schöpfung: ›Es ist nicht gut, daß der Mensch allein sei‹.

Die »perfekte Partnerschaft« schießt insofern über das Ziel hinaus, als sie von der Annahme ausgeht, der andere sei nur für mich gemacht, er gehöre mir und niemand anderem, gleichsam wie ein rechtmäßiger Besitz, auf den Anspruch besteht. Eine solche Partnerschaft kennt also nur Sicherheit. Krankhafte Eifersucht dagegen hat ihre Ursache in einem Besitzdenken, das keine Sicherheit, sondern nur die Angst vor Verlust kennt. Aus dieser Haltung heraus wacht ein Mensch mit Argusaugen darüber, daß ihm niemand seinen Besitz streitig macht.

Echte Liebe sieht den Partner wie ein Geschenk an, das ihm auf Zeit gegeben wurde und das er womöglich auch wieder verlieren kann. In einem solchen Denken ist neben der Gewißheit, sich des anderen sicher zu sein, stets auch etwas Verlustangst enthalten, gerade weil dieses Denken einkalkuliert, daß sich die Liebe wie das Leben wandelt. Das Besitzdenken dagegen ist statisch und kann Verlust nicht ertragen.

Liebe ist Stetigkeit *und* Wandel: Wie die Nacht auf den Tag, der Sonnenschein auf den Regen oder der Tod auf die Geburt folgt, so wandelt sich die Liebe. Die chinesische Philosophie lehrt, daß alles das Produkt der beiden Primärkräfte »Yin« und »Yang« ist, als polare Manifestation des Großen Unbedingten, des Tao, das mittels einer Definition nicht zu beschreiben ist. Eine der Grundeigenschaften der Ur-Polarität ist die Wandlung, die sie erzeugt. Diese Wandlung ist als die Bewegung des Tao zu verstehen und beinhaltet den Gedanken der zyklischen Entwicklung, die der menschlichen und kosmischen Existenz zugrundeliegt. »Das Prinzip der Wandlung drückt die wesenhafte Einheit der Welt und der Dinge aus, denn ihr zyklischer Verlauf hebt die Dinge hervor, die in der vorherigen Phase zurückgetreten waren, so wie die Nacht auf den Tag folgt und der Sommer dem Winter weicht.«[93]

Was läßt sich daraus für die Liebe außerhalb des Paradieses ableiten? Alles entsteht aus dem Wandel und unterliegt dem Wandel. Was ich habe, weiß ich nur heute und kann deshalb auch nur heute darauf beharren. Mit jedem Tag wandelt die Liebe ihr Gesicht, ohne daß wir es bemerken und wahrhaben wollen, genausowenig wie unser eigenes Älterwerden. Auch Liebe altert, bietet im Wandel jedoch täglich die Chance zur Erneuerung, wenn wir den Wandel akzeptieren. Ein bloßes Beharren ist der Tod der Liebe, während im Wandel ein ständiger Neubeginn liegt. In dieser tiefen Weisheit der legendären Herrscher des Goldenen Zeitalters, die von Fu Hsi, als einem von ihnen, im I Ching, dem Buch der Wandlungen, im Jahre 2853 v. Chr. niedergeschrieben wurde, liegt das Wesen einer illusionsfreien Liebe außerhalb des Paradieses: Ein Anfang ohne Ende, wie bei einem Kreis, den ich nicht zeichnen kann, ohne mich vorwärts zu bewegen, obwohl diese Bewegung schließlich zum Ausgangspunkt zurückführt. Wenn wir es denn für unsere Liebe erkennen wollten.

Quellen-Nachweis

1 Haag, Ernst: Der Mensch am Anfang, Trier, 1970
2 Haag, Ernst: a.a.O.
3 Steck, Odil Hannes: Die Paradieserzählung. Neukirchen-Vluyn, 1970
4 Gunkel, Hermann: Genesis. Göttingen, 1964
5 Haag, Ernst: a.a.O.
6 Weippert, Georg: Sündenfall und Freiheit. Hamburg, 1933
7 Haag, Ernst: a.a.O.
8 Weippert, Georg: a.a.O.
9 Weippert, Georg: a.a.O.
10 Schempp, Paul: Die Geschichte und Predigt vom Sündenfall. München, 1946
11 Gunkel, Hermann: a.a.O.
12 Schwarz, Paul: Die neue Eva. Der Sündenfall in Volksglaube und Volkserzählung. Göppingen, 1973
13 Schwarz, Paul: a.a.O.
14 Levy, Ludwig: Sexualsymbolik in der biblischen Paradiesgeschichte. In: »Imago« – Zeitschrift für Anwendung der Psychoanalyse auf die Geisteswissenschaften. Leipzig, 1919
15 Holmberg, Olle: Das Motiv der Neugier im Paradies Mythos. In: Kungl. Humanistiska Vetenskapssamfundet. Lund, 1933
16 Levy, Ludwig: a.a.O.
17 Levy, Ludwig: a.a.O.
18 Weippert, Georg: a.a.O.
19 Weippert, Georg: a.a.O.
20 Hegel, G. W. Friedrich: Phänomenologie des Geistes.
21 Bloch, Ernst: Atheismus im Christentum. Zur Religion des Exodus und des Reichs. Frankfurt, 1968
22 Hedinger, Ulrich: Erschaffen und schon gefallen? Bern, 1976
23 Börner, Klaus H.: Auf der Suche nach dem irdischen Paradies. Zur Ikonograpie der geographischen Utopie. Frankfurt, 1984
24 Weiß, Wolfgang: Verkehrte Welt. Schlaraffenland und Tausendjähriges Reich. In: Manfred Pfister, Hrsg., Alternative Welten. München, 1982
25 Schmidt, Rainer: Träume und Tagträume. Eine individualpsychologische Analyse. Stuttgart, 1980
26 Schmidt, Rainer: a.a.O.
27 Manuel, Frank E., Hrsg.: Wunschtraum und Experiment. Vom Nutzen und Nachteil utopischen Denkens. Freiburg, 1970
28 Dowling, Colette: Perfekte Frauen. Flucht in die Selbstdarstellung. Frankfurt, 1989
29 Ahrends, Martin: »Mannomann«. In: *Die Zeit* vom 8.9.1989
30 Lauster, P.: Die Liebe. Psychologie eines Phänomens. Düsseldorf, 1980
31 Lauster, P.: a.a.O.

32 Lauster, P.: a.a.O.
33 Lauster, P.: a.a.O.
34 Lauster, P.: a.a.O.
35 Lauster, P.: a.a.O.
36 Lauster, P.: a.a.O.
37 Lauster, P.: a.a.O.
38 Lauster, P.: a.a.O.
39 Goethe, Johann Wolfgang: Die Leiden des jungen Werther. Frankfurt, 1973
40 Lauster, P.: a.a.O.
41 Lüscher, Max: Das Harmonie-Gesetz in uns. Düsseldorf, 1985
42 Lüscher, Max: a.a.O.
43 Lüscher, Max: a.a.O.
44 Lüscher, Max: a.a.O.
45 Hofstätter, Peter R.: Psychologie. Frankfurt, 1957
46 Freud, Sigmund: Abriß der Psychoanalyse. Wien, 1938
47 Lorenz, Konrad: Die angeborenen Formen möglicher Erfahrung. In: Zeitschrift für Tierpsychologie, 5. 1943
48 Lewin, Kurt: Vorsatz, Wille und Bedürfnis. Berlin, 1926
49 Ortega y Gasset, José: Über die Liebe. Ulm, 1978
50 Ortega y Gasset, José: a.a.O.
51 Goethe, Johann Wolfgang: Wilhelm Meisters Jahre.
52 Wieland, Martin Chr.: Die Geschichte des Agathon. Stuttgart, 1979
53 Fromm, Erich: Die Kunst des Liebens. Frankfurt, 1979
54 Ortega y Gasset, José: a.a.O.
55 Fromm, Erich: a.a.O.
56 Platon: Das Gastmahl. Übersetzt von W. Capelle. Stuttgart, 1950
57 Ortega y Gasset, José: a.a.O.
58 Fromm, Erich: a.a.O.
59 Postman, Neil: Wir amüsieren uns zu Tode. Frankfurt, 1988
60 Statistisches Bundesamt, Wiesbaden, 1989
61 Beerli, Othmar, Hrsg.: Musenalp-Magazin 3/89, Zug
62 Freud, Sigmund: Hemmung, Symptom und Angst. Frankfurt, 1971
63 Balint, Martin: Regression. München, 1987
64 Stoller, R.J.: Perversion. Die erotische Form von Haß. Reinbek bei Hamburg, 1979
65 Eibl-Eibesfeldt, Irenäus: Liebe und Haß. München, 1970
66 Goethe, Johann Wolfgang: Faust. München, 1964
67 Beerli, Othmar, Hrsg.: a.a.O.
68 Beerli, Othmar, Hrsg.: a.a.O.
69 Das hohe Lied der Liebe Salomonis. Wien, o.J.
70 *Der Spiegel* Nr. 40/89
71 Berne, Erich: Spiele der Erwachsenen. Reinbek bei Hamburg, 1967
72 Berne, Erich: a.a.O.
73 Borneman, Ernest: Lexikon der Liebe und Sexualität. München, 1968

74 Bross, Barbara: In: Lexikon der Liebe und Sexualität. Ernest Borneman. München, 1968
75 Hörigkeit: In: *Stern* 3/89
76 Hörigkeit: *Stern* 3/89 a.a.O.
77 Lieber leiden als scheiden: In: *Cosmopolitan* 10/89
78 Schellenhaus, Peter: Das Nein in der Liebe. München, 1986
79 Bach, George, Wyden, Peter: Streiten verbindet. Frankfurt, 1983
80 Bach, George, Wyden, Peter: a.a.O.
81 Bach, George, Wyden, Peter: a.a.O.
82 Bach, George, Wyden, Peter: a.a.O.
83 Schwäbisch, Lutz u. Siems, Martin: Anleitung zum sozialen Lernen für Paare, Gruppen und Erzieher. Reinbek bei Hamburg, 1974
84 Bach, George, Wyden, Peter: a.a.O.
85 Bach, George, Wyden, Peter: a.a.O.
86 Bach, George, Wyden, Peter: a.a.O.
87 Bach, George, Wyden, Peter: a.a.O.
88 Bach, George, Wyden, Peter: a.a.O.
89 Bach, George, Wyden, Peter: a.a.O.
90 Bach, George, Wyden, Peter: a.a.O.
91 Bach, George, Wyden, Peter: a.a.O.
92 Bach, George, Wyden, Peter: a.a.O.
93 Colegrave, Sukie: Yin und Yang. Frankfurt, 1984